村井 龍生
Murai Tatsuo

new ideas

How to use of Design Thinking & UX
For the new product development & value creation

超基本!
新商品アイデア
の出しかた

現場で
すぐ役立つ

すばる舎

　今、世の中は大きく変わろうとしています。「働き方改革」が叫ばれるとともに「生産性」も求められるようになり、テクノロジーの進化やコロナ渦を経て、市場の価値観も大きく変わりました。

　そのため、新製品や新事業でイノベーションを求められる場面が、ますます増えています。そんな中、デザイン思考やUX（User Experience：ユーザー体験）デザインセミナーなどの教育プログラムに注目が集まるのも、無理からぬことかも知れません。

　アメリカ発祥のデザイン思考やUXデザインという思考法が日本にやってきてから久しく、それ自体は素晴らしい考えかただと思います。

　ただ、正直に言えば、私がデザイナーとして「デザイン思考」や「UXデザイン」なるものを意識して製品開発を行ってきたかというと決してそうではありません。私が入社した時には、そんな言葉すらなかったのです。

　とは言え、製品に関わるお客様のことを考えていなかったかというと、全くそんなことはありません。
「エスノグラフィー調査」などという名前すらなかった時代でも市場調査は怠りませんでしたし、お客様の観察もしっかりやってきました。

　もちろん今ほど体系的な手法は存在しませんから、自分なりの考えかたや手法で調査や観察を行ってきたわけですが、決してまちがってはいなかったと自負しています。

ある公共の場に置かれる製品のデザインを担当した時のこと、私はその現場に足を運び、半日間お客様を観察したことがありました。

　カウンターの中の職員とお年寄りの方が、カウンター越しに話している様子を見ていると、カウンターが高いため、お年寄りの方はつま先立って身を乗り出していたのです。その時、「カウンターがもっと低ければ、スムーズなコミュニケーションが図れるのになぁ」と思ったのを、今でも思い出します。

　当時、私が担当した製品は、カウンターの中の職員が使う機器でした。そのため、職員の動作に目を向け、なるべくムダのない動作が実現できるようなデザインを提案したのですが、同時に、「カウンターの高さも低くしてはどうか」という提案をして、発注側のお客様を驚かせたことがありました。

　デザイン、デザイナーというと、機器などの色や形だけをやるものと捉えられていた時代でしたから、「デザイナーの仕事って、色・形を考えるだけじゃないんですね」と言われたのです。

　やがて「デザイン思考」や「UXデザイン」という言葉を聞くようになるわけですが、われわれデザイナーの間では「これって、オレたちが今までやっていたことだよね」とささやいたのを思い出します。

　今でこそ、当たり前のように耳にする言葉ですが、当時、特別な手法かのごとく論じている人を見て、口をあんぐりさせたものです。

　今では、デザイン思考やUXデザインなどのセミナーも数多く開催されています。ところが、高価なセミナーに参加して、「すごいな」と感動すれど、いざ自分の職場で実践しようとしてもうまくいかなかったという人も多いのではないでしょうか。

　私はそういう人を「学びんぼう」と呼んでいます。学ぶために高いお金を払っても貧乏になるだけ。これでは悲しすぎます。

デザイン思考やUXデザインの考えかたや手法を否定するつもりはありません。むしろ、いいものだと思っています。ただ、私が言いたいのは、「これらは決して特別な考えかたではない」ということです。

　ごく身近にあるものの見かたであり、ちょっと視野を変えるだけで、見えなかったものが見えてくるということをお伝えしたくて、本書を執筆しました。

　本書では、観察から製品開発、さらにはコミュニケーションと、製品やサービスを生み出し、世に送り出すまでの一連の流れをわかりやすく説明しました。理解して戴きやすいように、架空の製品の開発を流れに沿って盛り込んであります。さらにデザイナーである私が得意な絵もたくさん描きました。

　また、私はこの32年間、デザイナーという製品開発の仕事のほかに宣伝部という顧客コミュニケーションの仕事も経験させて戴きました。そこで得た知見や経験したことも書き添えています。

　本書の中には、ちょっと難しい言い回しなども含まれているかも知れませんが、言葉を覚える必要はありません。

　今、製品開発で悩んでいる社会人の皆さんや、これから製品・サービス開発の世界に飛び込もうとする学生の皆さんにも理解して戴きやすいように、アカデミックな内容を避け、実際の実務の中で、デザイン思考やUX視点がどのように活かせるかを具体的にイメージできるように書きました。

　何か1つでも皆さんの「気づき」になるよう、私と一緒に世の中を観察し、アイデアを創出して製品化するような気持ちで、楽しみながら読んで戴けたら嬉しく思います。

村井 龍生

目　次

実務としての「アイデア創出」とは

第 **2** 章

商品・サービス開発の流れ

第3章

アイデア創出のための
社内コミュニケーション

第4章

顧客とのコミュニケーション

第 **5** 章

市場からのフィードバックとさらなる改善

第 1 章

実務としての
「アイデア創出」とは

デザイン思考・UX視点を役立てる

アイデア発想を成功に導く心構え

デザイン思考は道具(ツール)の1つと割り切る

　デザイン思考を「新規商品・サービス開発に必要な技術」と捉えると、「プロセスや技法を習得しよう」という意識になりがちですが、デザイン思考が使えなければ、いいアイデアが発想できないということはありません。

　ただ、社内での意見調整や通常の事務作業での資料作成、忘年会の企画を考えるような時にもデザイン思考は活用できます。言ってみればデザイン思考とは、そんな「道具の1つ」と捉えていいものなのです。

　ところが多くの現場では「デザイン思考はプロセスや技法の習得が重要で、それに則らないとダメ」とか「プロセスや技法に則って進めれば、いいアイデアにたどり着く」という思い込みや形式の呪縛に囚(とら)われた結果、「デザイン思考は実務で使えない」と考える人も多いようです。

プロジェクトの規模によって柔軟に使い分ける

　デザイン思考を生業(なりわい)にしているコンサルタントが提示する開発スケジュールは、企業人からすると「時間がかかりすぎる」という印象が否めません。

　事実、現場の人から反感を買うケースも見受けられます。

例えば、予算の規模が数百億円のような大きい案件ならまだしも、数億、数千万円規模の案件に対して、1年もかけてデザイン思考プロセスを実行するのは、「非現実的」と言わざるを得ないでしょう。

　特に家電品などのコンシューマー製品は、半年ごとに新製品を出さなければならないという現実もあって、そんなに時間をかけられないのが普通だからです。

担当者自身が「自分ごと」として考える姿勢を持つ

　かつて私が所属していたデザイン本部がファシリテーターを務め、関係者間でアイデア創出を行った時、会議の参加者から「なんでお金を払っているのに、われわれがアイデアを考えなきゃならないんだ」という意見が出たことがあります。

　この声を聞いた時、当該部署から見て「外部の人間」がファシリテーションを行う際には、皆で考える意義の説明とゴール設定の重要性を感じました。

　お金を出しているからと言ってアイデア創出を丸投げにしても、いいものはできあがりません。そのため、発注企業側に属する個々人がデザイン思考のスキルを持つことはとても重要です。ただし、その手法や形式の習得を目的にするのではなく「本人の気づき」が何よりも重要で、デザイン思考を柔軟、かつ臨機応変に使いこなすスキルこそが必要なのです。

顧客起点で考えるのに有効なUX視点

　UX（User Experience：ユーザー体験）視点も開発業務で役立ちます。価値を提供する相手に「驚きと感動を与える」という視点が大切だからです。

　わかりやすいように喩えると、あなたが忘年会の企画を任されたとします。その時あなたは参加者の顔を思い浮かべ、皆が喜ぶであろう企画を考えると思います。

例えば、日本酒好きな人が多ければ、希少な銘柄が置いてある店や酒造所を考えるかも知れませんし、あまりお酒が強くない女性が参加者の大半なら、雰囲気がよくて料理やデザートが評判で、ソフトドリンクも多数用意されているお店を選ぶでしょう。さらに、チームの祝勝会ならサプライズを用意して記念に残るイベントを計画するかも知れません。

　つまり、参加した人に「楽しい、嬉しい、よかった！」と感じてもらうと同時に何かしらの思い出や印象に残るよう、自分の想像力や発想力を発揮して、参加した人の気持ちを考えて企画を立てるはずです。

　これこそデザイン思考であり、UX視点なのです。

User Experience
ユーザー経験（体験）価値

お客様が企業の提供するさまざまな体験で
「楽しい、嬉しい、よかった！」
と感じること

POINT 1

◎デザイン思考やUXは「どうすればお客さんを喜ばせられるか」を考えるための道具（ツール）・視点。

◎開発には「自分ごと」として参加し、「気づき」を柔軟に活かせるスキルこそが大事。

ユーザーの期待値を超える UX視点を持つ

　UXとはアメリカからやってきた概念ですが、UXが提唱される以前から、アメリカの自動車会社フォード・モーターの創業者ヘンリー・フォードは「成功の秘訣」という言葉を残しています。

If there is any secret of success,it lies in the ability to get the other person's point of view and see things from that person's angle, as well as from your own.

出典：Brain Quotes（CC：4.0 Public License）
http://www.braintrainingtools.org/skills/quotes-about-empathy-on-other-person-point-of-view/

もし、「成功の秘訣」というものがあるとすれば、それは他人の立場を理解し、自分の立場と同時に他人の視点からも物事を見られる能力である。
（著者訳）

　UXを図にすると、次ページ［図1-1］のようなイメージになります。
　お客様をはじめとするステークホルダーは、ある一定の期待価値を持っています。図で言うと白い線の内側部分が該当します。
　商品やサービスを購入した時、「きっとそこまでの価値（機能やサービスの質）を提供してくれるだろう」と想定しているところに、白い線までの価値を提供しても「想定内＝当たり前」になります。

図1-1　期待を超えたところに顧客満足がある

　それがもし、この白い線まで至らないレベルの価値しか提供できなかったら、「不満」や「期待外」れという評価になってしまいます。

　UX視点を考える場合、お客様やステークホルダーが何を求め、何を期待しているのかを探り、その期待値を超える予想していなかった価値を提供することで初めて驚きと感動を与えることができ、「顧客満足」につながるのです。

　つまり、**相手がこちらに対して何を期待しているのか。何を欲しているのかを、相手の立場に立って考えることが大切である**という考えかたです。

　相手の立場に立って物事を考え、期待値を上回ってこそ、驚きと感動につながることは、皆さん自身にも経験があることだと思います。

POINT 2
◎まずはお客様の立場に立って「期待値を超える」UX視点を意識する。

デザイン思考の
各プロセスを押さえる

　2018年に経済産業省と特許庁が『デザイン経営』を宣言しました。『デザイン経営』では、企業の経営にデザイン的発想を取り入れることが重要であると提言しています。つまり「デザイン思考」を企業経営や事業活動に取り入れるということです。

6.「デザイン経営」の定義
「デザイン経営」とは、デザインを企業価値向上のための重要な経営資源として活用する経営である。

　それは、デザインを重要な経営資源として活用し、ブランド力とイノベーション力を向上させる経営の姿である。アップル、ダイソン、良品計画、マツダ、メルカリ、Airbnbなどの BtoC 企業のみならず、スリーエム、IBM のような BtoB 企業も、デザインを企業の経営戦略の中心に据えており、「デザイン経営」の実践企業・成功企業ということが言える。ここで、「デザイン経営」と呼ぶための必要条件は、以下の2点である。

　① 経営チームにデザイン責任者がいること
　② 事業戦略構築の最上流からデザインが関与すること

　デザイン責任者とは、製品・サービス・事業が顧客起点で考えられているかどうか、又はブランド形成に資するものであるかどうかを判断し、必

要な業務プロセスの変更を具体的に構想するスキルを持つ者を言う。

出典：経済産業省・特許庁 産業競争力とデザインを考える研究会「『デザイン経営』」宣言 2018 年 5 月 23 日

「デザイン」というと、色や形を具現化するものと考えている方も多いと思いますが、もっと広義な意味として捉え、「クリエイティブな思考を取り入れ、ユーザーの思考を理解し、経営に取り入れること」と定義しています。それにより、ブランド力を高め、新たな市場をつかみ取ることが重要であるとされているのです。

　既に皆さんにはお馴染みですが、一般的なデザイン思考のプロセスを図にすると下のようになります。[図1-2]

図1-2　デザイン思考のプロセス

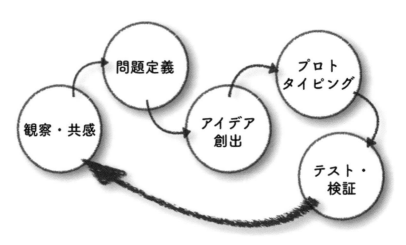

デザイン思考の各プロセス

1. 観察・共感

「観察・共感」のプロセスでは、世の中の動向把握や「顕在化されたニーズ（アンケートやリサーチでユーザー自身が言語化した要望など）」と、「潜在的なニーズ（言語化されたり数値化されておらず、ユーザー自身にもはっきりと認識されていない要望など）」を把握して分析します。

とりわけ重要になるのは、ユーザー自身でも気づいていない潜在的なニーズを発見することです。それらを観察から見つけ出すことが重要になってきます。本書では次章で具体的にその方法を紹介します。（→042ページ）

ユーザーがなぜそれを求めるのか、なぜそれをするのかを理解し、「なるほど、そうなんだ」と共感することが手がかりになります。

2. 問題定義

「問題定義」とは、観察や共感から見つけられたさまざまな事象から「本質的な問題（解決すべき課題）」を定義することです。

例えば、スマホの操作について言うと、電話がかかってきた時、スリープ状態の時と操作中の時では受信操作が違います。

スリープ状態の時は、スライドして電話を取りますが、操作中に電話がかかってきた時は、緑と赤の丸いボタンが表示されますので、緑のボタンをタップして電話を取ります。

使い慣れている人は、スライドすべきなのかタップなのかを、ボタンの表示デザインで判断できますが、使い慣れていない高齢者などの場合、使用状況に応じて変わってしまう表示に戸惑い、電話に出られないという問題も起こってしまいます。

3. アイデア創出

「何が問題なのか」を定義した後、その問題を解決すべく「アイデア創出」を行います。ターゲットユーザーが、「欲しい、使いたい」と思うアイデアを発想するのです。

　先ほどの例で言えば、「スマホでかかってきた電話を取る」という動作ができない高齢者にとって何が重要なのか。使用状況に応じて表示が変わることが問題であるなら、それを解決する方法を考えればいいでしょう。

　とは言え、スリープ状態なのにタップで出られるようにしてしまうと、まちがって触った瞬間に電話がつながってしまうという問題も発生します。

　単に障害を回避するだけでなく、ユーザーの立場に立った問題解決の方法が求められるのです。

4. プロトタイピング

　新たなアイデアを発案する際、メリットやデメリットなどを多角的に見ることが重要です。そのために重要なのは、必ず「形にして検証してみる」というステップです。これが「プロトタイピング」です。

　例えば、スマホ画面のプロトタイプでは、何もプログラムを組んで精巧なものを作る必要はありません。紙芝居形式でもある程度の操作性はつかめます。ここで重要なのは、なるべく早い段階で形にしてみるということです。

5. テスト・検証

　プロトタイプができたら、次のステップは「検証」になります。

　先ほどのスマホ画面の操作性を紙芝居で表現した場合、被験者にお題を出すのです。

　例えば、「電話がかかってきました。電話を取ってください」というようなイメージです。

その時、被験者がどこでつまずくのか、迷うのかを観察します。

つまずいたり迷ったりした部分を見つけ、その原因を見つけ出すことで、改善を行います。この流れを繰り返すことで、よりよい製品を完成させていきます。

これらがデザイン思考のプロセスですが、事業会社内で完結させる場合と、社外のデザインファームに発注して行われる場合があります。

事業会社内にデザイン部署があれば、主幹事業部からデザイン部署への社内発注という形で、進められることになるでしょう。

中小企業など社内に専門部署を持たない会社では、社外のデザインファームに依頼することになります。

POINT 3

◎デザイン思考の「流れ」を理解し、各プロセスの意味と目的を踏まえてアイデアを考え、検証してみる。

顧客の「インサイト」を つかむ

開発業務には「自分ごと」として参加する

　社内であろうと社外であろうと、発注する側とされる側にとって気をつけるべきポイントは、発注する側のスタンスで大きく変わります。

あなたが発注者なら

「一緒に考えたい」という意向の強い発注者は、案件を決して丸投げにはしません。

　自部署以外の知見を取り入れることで新たな気づきが生まれ、思いもよらなかった価値が創出されることを知っているからです。

　自らの考えと外部の知見をぶつけ合うと相乗効果が得られることを理解しているからこそ、受注者を「パートナー」として接するのです。

　丸投げするケースが多く見られるのは、「お金を払っているのだから、アウトプットは受注者側で出して欲しい」と思っている担当者が社外に依頼する場合です。「依頼費用を出しているのだから」という理由で、自分の思いや考えを伝えることなく、案件を丸投げにしてしまうケースは残念なことに少なからず散見します。

　社内組織であるデザイン部署へ依頼した場合なら、多少なりとも遠慮が発生するので、不服ながら丸投げにならないことも多いですが、発注者と

受注者という、立場が明確な外注案件の場合、自分の考えや想いがない発注者ほど丸投げになりやすいのです。

　私も発注側に立つことは多いのですが、発注側の担当者が「自分の考えや想いを整理し、やりたいことを明確にしつつ、ある程度の仮説を立てる」という意識で発注しないと、「いい結果＝いいアイデアを出し合い、商品やサービスの開発につなげる」をもたらすのは難しいでしょう。

　いい結果をもたらすためには、自分の意志を明確にして、発注側、受注側の関係なく、侃々諤々議論することが互いの信頼にもつながり、結果として、よりよいものができるのです。

あなたが受注者なら

　受注側の姿勢も大切です。得てして発注者側のほうが、発注企業のお客様（BtoC ならエンドユーザー、BtoB で下請けの場合には大元の発注会社など）などステークホルダーと接する機会も多く、その業界に精通している場合が多かったりします。

　その場合、重要になるのは、受注者側の「顧客（発注者）の核心を引き出すスキル」です。

　受注者は、事前に発注企業の業界状況を調べておく必要があるのはもちろんですが、特に BtoB の案件であれば、相手企業の置かれている立場を理解しておく必要があります。

　長年その業界で事業活動を行っている発注者側は、表面化されていない事象についても把握していたりしますので、いかに担当者から問題や課題（何を解決したいのか）を引き出せるかが重要になるのです。

　そのためにも受注者は、発注者と議論する時、「見える化（ホワイトボードに描き出すなど）」することが大切になってきます。

　発注者の前で、「見える化」することで、その場で合意や訂正ができるので、このプロセスはとても重要なのです。

エンドユーザーのインサイトをつかむ

　必要に応じて調査会社を活用する場合もあるかと思いますが、市場動向やさまざまな情報から、ユーザー像を探る必要があります。

　その時、「ユーザーインサイト（人を動かす隠れた心理）」に意識を向けられるかどうかが重要です。

　人の表面だけを見ていても、その本質を見抜くことはできません。インサイト（その人の行動を左右する隠れた心理）を見ないとターゲットユーザーに刺さる提案はできないのです。

　下図を見てください。人は、置かれた立場やその時の状況によって変化する、さまざまな「心」を持っています。

図1-3　隠れた心理

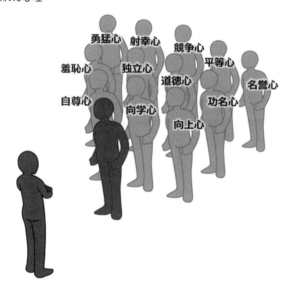

　例えば、プライドという自尊心や学びたいという向学心、有名になりたいという功名心もそうでしょう。恥ずかしいという羞恥心があるかも知れ

ません。図1-3に示した心理は、ごくごく一部です。さまざまな心理が交錯して、その人の行動を決めているのです。したがって、その表面だけを見ていても、その人が本当に喜ぶものは提案できないのです。

　下図を見てください。これは、満員電車の中でスマホをいじっている人について、インサイトまで掘り下げたものです。

図1-4　行動の裏にある隠れた心理分析をまちがうとズレた提案に

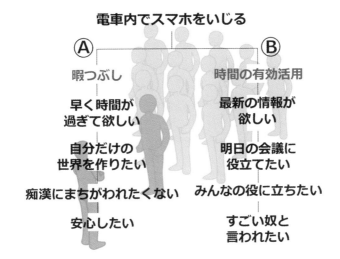

　Ⓐは、スマホに意識を向けているということではなく、とにかく満員電車がイヤで、早く時間が過ぎて欲しい、痴漢にまちがわれたくないと思っている人です。

　対してⒷは、この時間を利用して、会社で必要な情報を仕入れたい。明日の会議に役立てたい。さらに上司などからすごい奴と思われたいと思っている人です。

　表面的に見える部分だけを見ていても、本質を見抜くことはできません。

インサイトの部分を見ないと、ターゲットユーザーに刺さる提案はできないのです。

では「この人が喜ぶ、スマホ以外のものを提案してください」というお題があったとしたらどうでしょうか。

Ⓐの人であれば、マンガや小説でも喜ぶかも知れませんが、Ⓑの人にマンガや小説を提案したら「邪魔しないでくれ」と怒られてしまうかも知れないのです。

「スマホをいじる」という同じ状況に見えても、インサイトをしっかり見ないと、まちがった提案をしてしまうのです。

ユーザーのインサイトを見ないでアイデア出しをしていると、一見、いいアイデアに思えても、実際にターゲットユーザーのインサイトと照らし合わせてみた時、「本当に欲しいと思うだろうか?」と疑問に思う意見が出ることも少なくありません。

現場でよくある失敗例と回避法

講習を受けただけでは実践しにくいデザイン思考

デザイン思考や発想技法を教わる企業研修では、「方法論(お作法)」を教えられることが多いのですが、デザイン思考やさまざまな発想技法は「お作法の習得」が大事なのではなく、「道具として使えればいい」と割り切ることが大事です。

「お作法」を重視するあまり、かえって柔軟な発想が阻害されてしまうケースが散見されるのも事実です。

発想技法の方法論に基づいて進めると、確かに抜け漏れなく考えることができますが、講師やファシリテーターが「フレームワークの空白部分を埋めてください」と指示すると、それを埋めることだけに一生懸命になっ

てしまい、枠が埋まった段階で、でき上がったような気になってしまう人も少なくないのです。

　例えば、お風呂に入っていたり、何気なく歩いている時にふと「いいアイデア」を思いついたとします。しかしそれは、ポストイットに書き出して貼り出した上で、みんなで議論して出たものではないから「多分、没だろうな」と思い込む人もたくさんいるのです。

　しかし私は、いいアイデアは「直感」が大切であり、お作法に囚われるのではなく、突然浮かぶものだと思っています。

　私が新規事業創生プロジェクトなどのファシリテーションを引き受ける時も、「手法ありき」では進めません。参加者の直感を信じたいので、ある程度、自由な議論ができる時間や雰囲気を設けるようにします。

フレームワークはあくまで道具

　例えば、マーケティングの現場でよく使われる、ごく基本的な分析手法の1つにフィリップ・コトラーが提唱したPEST分析があります。[図1-5]

図1-5　PEST分析のフレームワーク

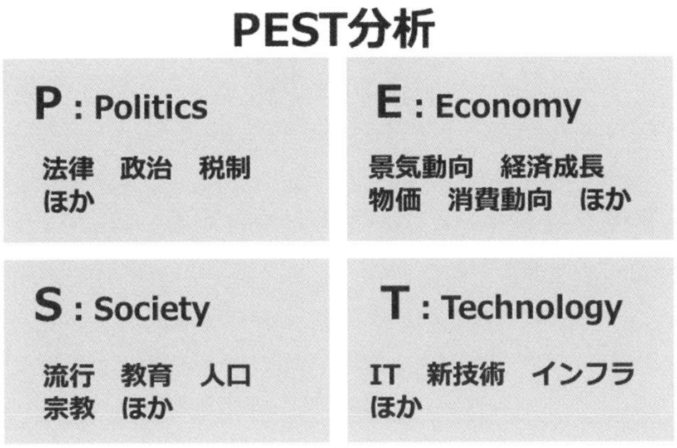

PEST分析

P : Politics
法律　政治　税制
ほか

E : Economy
景気動向　経済成長
物価　消費動向　ほか

S : Society
流行　教育　人口
宗教　ほか

T : Technology
IT　新技術　インフラ
ほか

世の中の動向を見るには、Politics（政治）、Economy（経済）の動き、経済動向やSociety（社会）が抱えている問題や今後の動き、さまざまなTechnology（技術）動向を見ることは、とてもいい手法だと思います。

　参加者にPESTの観点から情報を集めさせ、今後5年から10年後、社会や暮らしがどのように変化しているのかを議論させるのですが、実は参加者が事前に集めた情報というのは、既に世の中で起きている現象、もしくは公開された事実です。

　そのため、最も重要になるのは、それらの情報を俯瞰して見た時、「世の中はこういう事実で変化する。なので、恐らくこう変わるだろう」という直感が働くかどうかが勝負なのです。

　この「恐らく」の部分が直感的想像力になるわけで、PEST分析の表を埋めただけでは何も生まれないのです。

　ファシリテーターのいる研修やプロジェクトでは、進行具合によって巧みな誘導が行われます。参加者がまちがった方向に向かった時は、メンターとして助言もしてくれるでしょう。

　ところが、いざ、自分たちが職場で議論を始めようと思った時、教わった「手法」に囚われすぎてしまい、新しいアイデアを生み出そうとしてもうまくいかない。そのことが「デザイン思考は実際に使えない」という現象につながってしまうのだと私は思っています。

当事者意識を共有することが成功につながる

　新規開発の業務では「依頼研究」という形で、デザイン部署に発注が来る場合があります。主幹事業部（開発部門）がデザイン部署に研究費を支払う形で行われますので、デザイン部署からすれば、主幹事業部はいわばお客様です。

そういう関係ですから「いついつまでに、アイデアを出して欲しい」と言って丸投げしてくるケースも多く見受けられました。

ところが10年ほど前から、デザイン部署がファシリテーションを行うことにより、主幹事業部のメンバーがアイデアを考える形が主流になってくると、「なぜお金を払っているわれわれが、アイデアを考えなければならないのか」という不満が聞かれるようになったのです。

そこで、デザイン部署はただ丸投げされたり、ファシリテーションをするだけではなく、主幹事業部に寄り添って「一緒に考えましょう」という雰囲気を作り上げ、それが「いい結果」を生むために重要な因子になることを理解してもらう働きかけをするようになったのです。

同様に、外部コンサルが入ったとしても、「一緒にアイデアを考える」というスタンスは、互いに信頼を構築する上でも重要だと考えます。

正直なところ、デザイナーや外部コンサル担当社は、たとえそのプロジェクトが失敗しても大きな責任は問われませんが、主幹事業部は大変な責任と重圧を背負ってプロジェクトを推進しているので、その気持ちを汲んで寄り添う必要が生じるのは、当然といえば当然です。しかしながら、そうでないケースも散見されるのはとても残念で、互いに不幸なことだと考えています。

プロジェクトリーダーの役割

実際にプロジェクトを推進するにあたっては、プロジェクトリーダーが必要になります。そこで、プロジェクトリーダーに求められる本質的に重要なスキルとは何かを考えてみましょう。

コミュニケーション力・人柄

まず大切なのはコミュニケーション力です。参加するメンバーが気持ち

よく、楽しく仕事ができるような雰囲気を作り上げられるかどうかは、プロジェクトを成功させるための非常に重要な因子です。

BtoBの場合は、「お客様（発注企業）の受けがいいかどうか」も大きな影響を与えます。お客様は、これから一緒に仕事をするメンバーを選定するにあたって、「この人と仕事をしたい」と思える人かどうかを見極めるわけです。事実、発注側（コンペ開催社）から見て、競合数社で内容がどんぐりの背比べだった場合、「最後の決め手はプロジェクトリーダーの人柄になる」と聞いたことがあります。

プロジェクトリーダーは傾聴力も大切です。部下やメンバーの意見に耳を貸さない人や、一見聞くという姿勢を見せつつも、自分と違う意見であった場合は真っ向から反対するような人だったら、メンバーは言いたいことも言えなくなってしまいます。これではプロジェクト自体にいい影響を与えるはずはありません。

スケジュール管理

次にプロジェクトリーダーはスケジュール管理能力が必要です。プロジェクト全体のスケジューリングに加え、進み始めたプロジェクトの進捗管理ができるかどうかが重要です。

チームを率いる「リーディング」という意味では、テーマリーダーの力量が大きく作用します。テーマリーダーとは、1つのテーマにおける全体の計画、進行を司るリーダーの総称で、プロジェクトの場合、PL（プロジェクトリーダー）とも言いますが、提案活動などでは、PM（プロジェクトマネージャー）と言われる場合が多いです。

テーマリーダーは、少なくともゴール設定とプロセス（日程）、メンバーの役割を明確化して指示するスキルが必要です。

ところが実際には、これらが曖昧に進んでしまう場合もあります。ここで重要なのは、マイルストーンとフェーズゲートの設定と明確化です。

「マイルストーン」とは、もともと道路のわきに中間目標を指すため置かれていた標石が語源で、「プロジェクトの中間目標（進捗の目安）」を指す言葉として使用されます。実際のプロジェクトでは、あらかじめ設定しておいたマイルストーンの日程と照らし合わせて、遅延していないかを測る指標として使われます。

　同じような意味に見えて少し違うのが「フェーズゲート」です。

　これは、企画フェーズや検討フェーズ、設計フェーズなど、「プロジェクトの工程の区切り」を指します。

　ゲートとは門のことなので、この門をくぐらないと次のフェーズに進めません。フェーズゲートは、主要メンバーが集まって意思決定を行うタイミングでもありますので、大変重要なポイントです。幹部への報告タイミングでもあります。［次ページ・図1-6,1-7］

　BtoBでも産業流通分野を担当する事業部や、BtoCを担当する事業部は、数多くの案件に関わることが多いため、若い時から成長機会が多く与えられますが、いわゆる行政などの公共分野を担当する事業部は、それほど多くの案件に関わる機会もなく、コンペとなるケースは数年に一度程度だったりします。

　そんな中、配属部署によっては、なかなかプロジェクトに参加できない不幸な社員が出てしまうのも事実です。

　そういう社員が、社内異動で突然プロジェクトリーダーとして抜擢されると、チームが混乱するのは目に見えてわかります。

　経験の浅いリーダーは謙虚な心を忘れず、経験のあるメンバーの言葉に耳を傾ける必要があるのです。

図1-6　フェーズゲートと一般的なスケジュールのイメージ

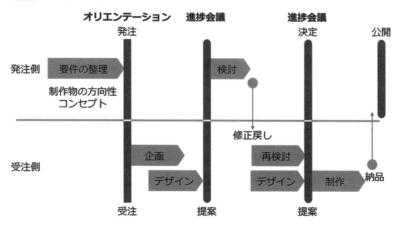

図1-7　コミュニケーションを密に取ったスケジュールのイメージ

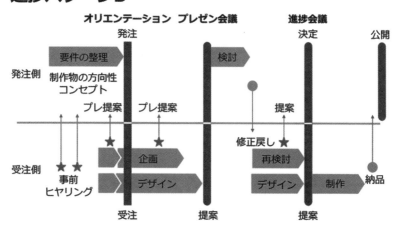

アイデア創出のフェーズで求められるもの

新規市場開拓と既存商品改善

　社内でプロジェクトを組む場合、予算や規模が比較的大きな案件が多いわけですが、プロジェクトを組んでアイデア創出が求められるパターンは大きく分けて2つあります。

　それは、事業の先細り懸念から「新規市場開拓」が求められるケースと「既存製品のバージョンアップやアップグレード」の場合です。

　前者は、世の中の動向を見据えて、今後どのような市場が現れるかを予測する必要があり、かなり高度なプロジェクトとなります。

　後者は、既にある製品のアップグレードですから、ユーザーの嗜好やニーズも既に把握している場合が多く、ユーザーのニーズとシーズの双方から見て、新たなアイデアを考えていくステップになります。

　どちらの場合も「アイデアを考える」というフェーズにおいてアイデアを考えるのはメンバー自身であることを認識しなければなりません。仮に社外（自部署以外）に依頼していた場合でも同じです。

　社外にお金を払ってアイデアを考えてもらおうというケースもあるかも知れませんが、丸投げして一週間後に素晴らしいアイデアが出てくるというようなことはありません。

　外部のデザインファームに依頼しても、自部署のメンバーがアイデアが出やすいように誘導し、時には方向性を修正してもらうためのメンターとして参加するのが通常です。

プロジェクトのエンジンとなる「先導者」

　プロジェクトが発足されて、集められたメンバーの様子を見ていると、

大きく2つに分かれます。それは、率先してアイデアを出す「先導者」が
いない場合と、先導者が強すぎて、強引にその人の意見に引っ張られてし
まう場合です。

　ここで言う「先導者」とは、ファシリテーターという意味ではありませ
ん。メンバーの中で「こうしたい。こうありたい」という強い想いを持っ
ている人のことです。

　ファシリテーターとしては「先導者」が一人でもいると、とてもやりや
すいのですが、その人に引っ張られ過ぎるというデメリットもありますの
で、他のメンバーにも目を向け、適度に意見を引き出すことが大切です。
「先導者」が強すぎる場合、ファシリテーターは、その人の意見を聞き
つつ、他の人の意見もうまく引き出すことで、よりよいアイデアに昇華さ
せる可能性を高めることが求められるのです。

　ところが先導者がいなかったり、メンバーが皆おとなしくて誰も意見を
持って参加していない場合、アイデア創出はとても難しくなります。

　例えばファシリテーターが、

「〇〇さん。××について、なぜ、こうなのでしょうか？」

と投げかけたとします。

「◇◇だから、そうなっているんです」

というように「問い」に対する回答はしてくれるのですが、

**「◇◇だから、そうなっているんです。なので、もっと△△にしたほうが
いいと思うんです」**

というように、自分の考えや想いまでは語ってくれない人を数多く見受けるのです。

　なぜ、発言がないのでしょうか。それは、そこまで強い想いがないという面もあるかも知れませんが、それよりも阻害要因として挙げられるのは、自尊心が邪魔をしているということです。

「こんなことを言ったら、恥ずかしい。バカにされるかも」という気持ちが先に立ってしまって発言できないのではないかと見受けられることがよくあります。

　そんな時、ファシリテーターがうまく引き出してあげると、あまり発言しない人でも、いいアイデアを持っていたりするのですが、メンバー自身に自分の想いや考えがなく、先導者もいないまま、ただ集まっただけでは、いいアイデアは生まれません。

　これは外注する場合でも同じで、事業創出のような大きな案件に限らず、たとえ小さな案件であっても、丸投げでいいものが出るわけはないのです。部下に丸投げする上司も同様です。

　正しいか正しくないかはさておき、参加者なりの想いなくして、いくら人数を集めても、いいものは生まれないのです。

POINT 4

◎アイデア創出の場面で求められるのは「いいアイデア」よりも「これから世に出すものを少しでもよくしたい」という強い気持ち、想いを持って「自分ごと」として参加することが、思考法のお作法を再現するより大事。

◎顧客のインサイトをつかむのも、進行スケジュールの管理スキルもすべては、その「想い」を実現するための手段。

第 2 章

商品・サービス開発の流れ

0.与件を整理する

RFP（要件定義書）を読み解く

BtoB案件の場合

　BtoB案件の場合、いきなり開発業務がスタートするわけではなく、まず「案件受注」する必要があります。そこでまず、案件受注のプロセスを見ていきましょう。

　通常、BtoB案件の場合、発注企業は公正な発注のために「コンペ（Competition）」を行います。ここで、発注企業はコンペ参加企業（受注企業）に向け、同じ「要件定義書」を提示します。これが「RFP（Request for Proposal）」です。

　RFPは価格やサービス内容など、受注企業から発注企業への具体的な提案を要求するために必要な基本情報を記したものです。（→041ページ）

　RFPには発注企業側の要求が明確に描かれているので、もちろんコンペ参加企業はその要求に応えなければなりませんが、同じような提案力のある企業同士なら差別化点は価格のみとなり、価格競争に陥ってしまいます。

RFPに書かれていない、発注企業のインサイトをつかむ

　そこで提案内容を差別化するため、コンペ参加企業は競合他社の強み

や弱みを意識しつつ、発注企業情報についてはRFPのみに頼らず、企業理念や発注企業が置かれている市場動向などを綿密に調査します。

　例えば、発注者が多店舗展開をしている飲食店経営企業で、RFPに明示している要件として「各店舗のPOSデータ連携と従業員の業務効率化」という内容が求められているとします。

　発注企業は、今現在、国内250店舗を展開しており、それらすべての店舗のPOSデータ連携を希望しています。当然ながらPOSデータは経営判断に活用したいのでしょう。

　ここで発注企業の企業理念や事業戦略を調べてみると「世界の食文化を変える」と書かれていることがわかります。

　この文言はRFPには書かれていませんでしたが、調べてみると、将来、グローバル展開を目指していることが読み取れる内容を見つけました。

インサイトを踏まえた提案の強み

　この事例で発注企業のインサイトを踏まえたものと、そうでないものを比較してみます。

　コンペ参加企業のA社は「御社が展開されている250店舗のPOS連携の提案」というRFPで要求されたとおりの内容でした。

　コンペ参加企業のB社は「国内250店舗はもとより、将来の海外展開も見据えたPOS連携の提案」という内容だったら、どちらが選ばれるでしょうか。

「われわれのことをよく調べて理解しているね」と発注企業が思えるような企業のほうが信用できるし、頼みたくなるのではないでしょうか。

　企業はRFPに記載されていない事情をさまざま抱えているものです。

　いろいろな事情が絡み合い、その企業の置かれている立場や今の状況があるので、それらを事前に調べておくことはとても大切です。

企業のホームページや決算報告書などを見るだけでも、企業理念、社長メッセージ等々、さまざまな情報が入手できますが、そうした公開情報に限らず、RFPの公示前に発注者側の担当者と密に連絡を取り、情報収集しておくことが重要になります。

　それらの情報とRFPを照らし合わせてみると、発注企業の求めている「核心部分」が見えてきますので、特に受注側の営業担当者はより深く、さまざまな情報の入手を心がける必要があります。

RFPによく見られる要求項目

　RFPは企業や自治体などによって、書きかたが異なります。A4縦型であったり横型であったり、決まったフォーマットはありませんが、RFPに記載されている項目に関しては、それほど差がないと思っていいでしょう。

　発注側の企業は、自社にとってどのような価値を提案してくれるのか。信頼性はもちろんのこと、将来を鑑みた提案内容のインパクトや独自性、先見性を重視する傾向にあります。

　ただし、発注者が行政機関に関しては多少異なります。次ページ、RFPの要求項目に加点表が付きます。

　例えば、この項目は何点、この項目は何点、さらに価格は何点といった具合です。提案を審査する担当者が、それぞれの項目に点数をつけていき、総合点で勝った企業が受注できるのです。

RFPの項目例

■はじめに

■本プロジェクトの概要

　①依頼の背景と目的

　②解決したい課題

　③自社体制およびスケジュール

■提案の範囲

　①対象領域

　②サービス要件

　③運用条件

■提案内容

　①提案書

　②概算費用

　③提案会社の情報

　④提出書類について

　⑤期限および提出先

■選考までのプロセス

　①選考について

　②プレゼンテーションについて

　③スケジュール

　④問い合わせ先

STEP 5

◎RFPだけではなく、発注企業の「インサイト」をつかむ。そのためには、
　担当者との連絡を密に取り、情報収集に努め、発注企業の求める「核心
　部分」に迫る。

1. 観察・共感

「観察・共感」の実例

開発業務はユーザーを知ることから

　BtoBの場合は案件受注できてから開発業務がスタートすることになりますが、自社が直接、市場を通してエンドユーザーに商品やサービスを提供する事業会社（BtoC）の場合は、自社の意志決定後、すぐに開発業務が始まります。

　ただし、BtoBに限らずBtoCであっても、商品やサービス開発で最も大切なのは「相手＝顧客・ユーザー」を理解することです。

　BtoBの場合、発注企業の担当者から情報を聞き出したり、RFPを読み込んだり、さらには会社情報や市場の動向を調べることで、発注者のニーズを見つけ出すわけですが、BtoCの場合はユーザーを知るための調査（リサーチ）を行います。

　この段階では、定性調査（グループインタビューなど）や定量調査（選択式アンケートなど）を用いることがあります。

　定性調査の場合、他の参加者の意見に引っ張られる傾向がありますの

で、ファシリテーターの役割が重要になってくるのですが、調査ではどうしても本来聞きたかったことが聞けないということも起こりますので、質問事項や方法など、事前の設計が重要になります。

　ただしこれらの調査では、ユーザー本人が意識している「顕在化された問題やニーズ」は抽出できても、本人ですら気がついていない「潜在的な問題や本当のニーズ」は現れにくいのです。

　そこで「観察」を行います。これはユーザーの行動を観察することによって、本人ですら気がついていない潜在的な問題や本当のニーズを見つけ出す作業です。徹底的にユーザーの行動を観察することで、その裏に隠された問題やニーズ（インサイト）がつかめるのです。

　そこで、「どのように行動観察の力をつければいいのか」という質問を戴くことがよくありますが、私は「普段から周りをよく見てください」「人を観察する癖をつけてください」と答えています。

　ここで、私が普段観察して見つけた人々の行動をいくつかご紹介しましょう。

観察の例①：電車の中や駅で

座っているのに、カバンを足元に置く人

　最近、電車内で座席に座って足元にカバンを置く人が増えたように感じます。［次ページ・図2-1］

　そういった人は、たいていスマホをいじったり、本を読んだりしているのですが、立っている人からすれば、つま先がカバンに当たってしまうためとても迷惑です。しかも前かがみでスマホをいじられると、立っている側はかなり後ろへ下がらざるを得ません。

　この行為、若者だけかというとそうではなく、観察していると、年齢には特に関係ないように思います。

図2-1　座った状態でカバンを足元に置く人

混んでいる電車の中で、立った足元にカバンを置く人

　座席に座って足元にカバンを置く人と同じように、立っている状態で、足元にカバンを置く人も最近増えています。[図2-2]

図2-2　立った状態でカバンを足元に置く人

座っている人と同じように、たいていスマホをいじったりしています。混んでいて、つり革にもつかまれない状態なので、揺れに備えて皆、足を踏ん張りたいところですが、床に置かれたカバンがとても邪魔になります。

降りる時、まさかカバンが足元にあるとは思わずに、その人の前を通過しようとして、つまづくことさえあります。

観察していると、重いからというのもありますが、やはりスマホを操作したいからだということに気づきます。この行為も年齢には特に関係ないようです。

リュックを前にしてはいるが…

混んでいる電車の中では、車掌さんのアナウンスでもリュックは前に抱えるよう促しています。とは言え、それはある程度の込み具合での話で、東京などの混雑状態では、前に抱えることで一人分のスペースを占有してしまいます。実は、立っている時の人間の骨格はお腹が出る形になるので、腰から下に持ったほうがスペース効率的にいいのです。（→066ページ）

前に抱えたからいいのではなく、あまりにも混雑している時は、手で持つことで腰より下にカバンを持つべきですね。［図2-3］

図2-3　前に抱えるより、手に提げると当たらない

パーソナルスペースは自分だけのものじゃない

　電車やエレベーターの中、混雑している状態の時、後ろを気にしない人が多いように思います。［図2-4］

図2-4　後ろの人には無頓着1

　人間は「パーソナルスペース」というものを持っています。上から見るとダイヤモンドの形をしているそうですが、その大きさは人それぞれ。そして、前と後ろでは、大きさが異なるのです。人込みの中で、極端に前のパーソナルスペースが広くなるのがスマホなどをいじっている人。後ろの人が不快に思っていないか、今一度確認したほうがよさそうですね。

スーツケース大丈夫ですか？

　私もスーツケースを持って出張に行くことがよくあります。その時に気をつけたいのが、後ろへの配慮。［図2-5］

　空いている空間で、スーツケースを斜めに引くのは問題ありませんが、混雑している空間では、後ろの人に最大限の配慮をすべきだと思います。

引いている人は気づかないかも知れませんが、後ろの人はつまずく可能性もあり、迷惑と同時に危険です。ましてやヘッドホンで音楽を聞き、「ながらスマホ」で歩くなど論外です。常に「迷惑をかけているのでは？」という気遣いが必要だと思います。［図2-6］

図2-5　後ろの人には無頓着2

図2-6　後ろの人には無頓着3

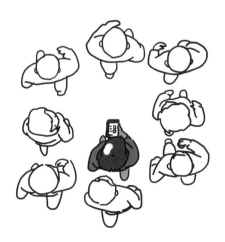

観察の例②：わかりづらい機器の表示

コンビニのコーヒーサーバー

　最近、ほとんどのコンビニで、その場でドリップするコーヒーサーバーが設置されています。ブレンドはもちろん、ラテなども気軽に飲める、とても便利な機械です。

　外観デザインは素敵なのですが、表示がわかりにくく、まちがえやすいため、結局お店の配慮で、「ふつう」「大きい」「あったか～い」「つめた～い」などの紙がベタベタ貼られた残念な状況になっています。[図2-7]

　製品を開発する際、ユーザビリティーテストをすれば、すぐにわかるようなことなのですが、とても残念です。最近では、表示をわかりやすくした最新機種に変更されつつあるようですが…。

図2-7　何のボタン?

わかりづらいエレベーターの開閉ボタン

　エレベーターの開閉ボタンの表示もわかりづらいと感じます。

　落ち着いてじっくり見ればわかるのですが、閉まりかけたエレベーターに人が飛び込んできそうな時、親切心から「ひらく」を押したつもりが、「とじる」を一生懸命に押していたというような経験のある方も多いはず。

　エレベーターの開閉ボタンのピクトグラムは下図の上のように、真ん中に扉を模した線が引かれ、矢印の向きだけで開閉を表しています。［図2-8］

　下側が私が提案するピクトグラム。線の位置を変えるだけで、「ひらく」と「とじる」が、はっきりわかると思います。

　線の位置を変えるだけなので、今後の最新機種には、ぜひ取り入れて欲しいものです

図2-8　一目でイメージできるデザインはどっち？

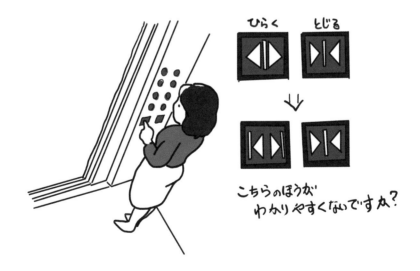

観察の例③：病院での光景

個人情報を気にして導入したシステムだけど…

　最近の病院は、個人情報を気にして受付番号で呼び出す病院が増えてきています。待合室の正面の天井近くに設置されたモニターに受付番号を表示するとともに、チャイム音で呼び出すシステムです。［図2-9］

図2-9　病院の待合室

　ところが、高齢者の多い待合室では、モニターに自分の番号が表示されたことに気づかない方をよく見かけます。いつまでも診察室に入ってこないので、やがて看護師さんが出てきます。そして、大きな声を上げて再度番号を伝えるのですが、これでもダメ。結局、「お名前で失礼しま～す」と伝えてから、「○○さ～ん」と名前で呼ぶと、先ほどから座っていた高齢者の方が手を挙げて返事をしています。

言いづらい病気だってあるんです

　薬局の窓口でよく見かける風景です。薬局では患者に正しい薬の情報を伝えるために、患者の病状や体調を確認します。「今日はどうされたんですか？」「〇〇なんですか？　お熱は？」というようなことを聞かれますね。［図2-10］

　病院は個室の診察室に入るので、周りの人にはどのような病状で来院しているのかわかりません。でも薬局はオープンスペースでの受け渡しになるので、その場で病状や症状を聞かれると、周りには筒抜けです。

　例えばもしあなたが「切れ痔」だったらどうでしょう。薬剤師さんから「切れ痔なんですか？」なんて言われて、周りの人に聞かれたら恥ずかしいですよね。薬局の窓口は、もっとどうにかならないものでしょうか。

図2-10　衆目にさらされる薬局の窓口

　これらはすべて、私が日常観察の中から「なぜなんだろう？」と疑問を持ったものばかりです。「観察・共感」のプロセスでまず重要なのは、この「なぜ？」という疑問を持つことです。そうすることで、目撃した事象の原因を追究したくなるからです。

一歩家を出ると、周りには観察対象がたくさんあります。

　例えばコンビニ。以前に比べてコンビニの一人当たりの接客時間は増えているのではないでしょうか。

　ここで、「なぜ？」と疑問を持って観察していると、いくつかの要因が見えてきます。

　1つは、プラスティックゴミ削減のためのレジ袋の有料化です。

　なるべく私もエコバックを利用するようにしていますが、スーパーなどに比べ、袋詰め専用の台が設置されていないコンビニでは、支払い、袋詰め、お釣りの受け取り、それらをすべてお客様自身がやらなければなりません。

　今までであれば、お金を用意している間に、店員が商品を読み取り、袋詰めをしてくれていたため、作業が平行して行われていました。ところが今は、袋詰めという作業のため、レジの占有時間が伸びてしまいました。

図2-11　コンビニのセルフレジ

　次に挙げられるのは、コンビニのレジ横で売っている、揚げ物などのお店で作った食品の販売です。

これらの商品は、レジでお客様が注文する形ですので、店員は、注文を受けてから手指の消毒を行い、それから商品ケースに入った商品を取り出し、袋詰めして、レジを打ち込むという流れが加わってしまいます。

　そこに公共料金などの支払いなどが加わると、相当な接客時間になってしまいます。

　コンビニのレジ周りだけを見ても、たくさんの気づきが得られますし、それに対する改善策も浮かんでくるはずです。

　最近では、袋詰め専用台を設置しているコンビニも出てきましたが、もっと多くのコンビニでレジ周りの改善を期待したいものです。

POINT 6

◎普段から人を観察し、「なぜ?」と問う癖をつけておくことで、「気づき」が得られやすくなる。

◎可能であれば、事前情報（調査など）を入手し、観察するポイントを押さえておく。

2. 問題定義

「何を解決するか」を決める問題定義

これまで紹介してきたように、普段から周りを観察しているだけでも、人の行動や世の中の変化を感じることができますが、そこに潜むさまざまな問題が見えてきます。これが「問題定義」です。

BtoBの場合、発注企業側が解決したいと考えている、あるいは認識している問題は「RFP」などに明確に書かれています。

ところが、実際にはもっと複雑な案件があるのが普通です。わかりやすいモデルケースを例に説明しましょう。

業務改革を進めたい経営者がいたとして、その会社では人為的ミスによるヒューマンエラーがなくならないことが問題でした。その損失を計算すると、年間8000万円もの損失になっていたのです。

当然ながらその会社でも、どのようなヒューマンエラーが起こっているのかは把握しているのですが、何が原因で問題が起きているのかがわからないというケースです。

このような案件を引き受けた場合、解決すべき問題となっている原因を究明するため、さまざまな角度から調査します。

まずは、実際に起こっているヒューマンエラーについての分析です。

これらは既にリストアップされている可能性があるので、可能なら入手して細かく因果関係を分析します。

　その中で、損失や重大性のウェイトが大きなものをピックアップして、現場でのヒアリングなどをもとに、業務フローを明確にしながら、不明な点があれば、「実際の業務を観察する」という手順を踏みます。

　この過程で重要なのは、自分の「先入観」を捨てることです。

　先入観は、あなた自身の経験によるものなので、それが正しいとは限りません。まずは先入観を捨て、あるがままを観察する必要があります。

　現場でのヒアリングにおいて質問を投げる場合は、オープンクエスチョンで行います。「○○についてはどうですか？」といった聞きかたです。

　これを「それはムダじゃないですか？」というようなYes／Noで答えられるクローズドクエスチョンで聞くのはNGです。

　本人はムダだと思っていない可能性がありますから、「なんでそんなことを聞くんだろう？」と反感を持たれて終わってしまうでしょう。

　この「ヒアリング調査」から得られる答えは、あくまでも顕在化された問題点だけということを意識しておく必要があります。

　例えば、伝票に記入ミスがあった場合「決まりでは発注前に、読み上げによるクロスチェックで確認することになっているにも関わらず、それを省いていた」というような意見が出たのであれば、決められた業務フローを守るだけで改善できるかも知れません。これは顕在化された問題です。

　しかし、「そもそもその伝票の記入方法に問題はないのか」「その伝票自体、不要なのではないか」というようなことは、普段、ルーティンで仕事をこなしている人には評価しにくいもの。そこで第三者が調査し、観察することで見つけ出せる大切なポイントがあるはずです。これが潜在化された問題の発見につながるのです。

起きている事象から問題の本質に迫る

　これは、最初の「観察・共感」フェーズで、どれだけ問題点を見つけられるかにかかってきます。そのためには

・観察対象者自身が問題と思っていないことを捉える
・改善の方向性をイメージして問題を定義する
・問題が起こっている背景について考察する

　ということを踏まえるのがポイントです。ひと口に「問題定義」と言っても容易なことではありません。本人すら気がついていない潜在的な問題やニーズは現れにくいもので、いくら観察しても、それを見つけることは難しいからです。

　だからこそ、それを発見できれば魅力的な商品やサービス開発に役立てられるため、開発者は懸命に「本人すら気がついていない潜在的な問題やニーズ」を見つけようとするのです。

　この「問題定義」は、顕在化された問題や事象から、「それに対して、主に大きく影響している要因・原因・理由は何かを定義すること」が重要になります。

　そのためには、必要に応じてあえて放置する問題も出てくるでしょう。一度にすべてを解決できれば、それに越したことはありませんが、ある程度見逃さざるを得ない問題の存在を認識しておくべきです。

　また、いくつもの問題が重なって、大きな問題が起きている可能性もありますし、解決しようとすると新たな問題が発生することもあり得ます。

　したがって問題を多角的に捉え、解決策を練ることが重要で、自分の思い込みだけで解決しようとしても、誰も喜ばれないという悲しい結果になってしまうのです。

では、問題定義のプロセスについて、私が観察した事例を題材に説明します。「観察・共感」の項目でも示しましたが、多くの皆さんが経験したことがある総合病院の外来待合室の風景です。［図2-9］（再掲）

図2-9再掲　病院の待合室

多くの総合病院では、個人情報保護の観点から、個人の名前を呼ばずに受付番号で呼び出す仕組みを取り入れています。

病院側としては「個人情報を他の患者さんにわからないよう、個人を呼び出す」というのが課題となり、番号をモニターに表示して呼び出す仕組みを採用しているわけですが、実際に起こっている現象としては、高齢者ほどモニターに映し出された自分の番号を認識できず、結局、名前で呼び出されていることです。

では「高齢者は自分の番号が呼び出されているのに気づかない」ということが問題だと考えていいのでしょうか。

問題①：これは私が行く総合病院の例で、他の病院には当てはまらないかも知れませんが、その病院では、入口で受付順に「整理番号」が発券されます。患者さんはそれを持って自分の診療科へ行くわけですが、当然ながら内科もあれば外科も泌尿器科も耳鼻科もあります。したがって、それぞれの診療科で呼ばれる順番は整理番号順どおりではないのです。

　例えば自分の番号が「215番」だったとしても前の人が「214番」とは限りません。そうなると、「あと何番目」という予測がつかないという問題があります。（最近は呼ばれる順番と番号が示されているものも増えました）

問題②：次に呼び出し時の問題です。「ピーンポーン」というチャイム音とともに番号がモニターに表示されるのですが、高齢者ほど高音が聞き取りにくいという問題があります。

問題③：そもそも高齢者でなくても、具合の悪い時に集中力を持続させるのは苦痛ですし、おしゃべりをしていたり、眠っていたりすることもあるでしょう。また、高齢者の場合、トイレが近いという点も考慮すべきです。トイレに行っている間に呼ばれる可能性も十分考えられるのです。

問題④：この病院では42インチのモニターが数台吊るされているのですが、座る位置によっては見えにくくなってしまいます。

問題⑤：診察が終わると、事務の女性が会計計算をします。受診した患者は、再び同じ待合室で待つ必要が出てきます。しばらく待つと、事務の女性が出てきて「〇〇さ〜ん」と名前で呼ぶのです。最初の個人情報の観点はどこへ行ってしまったのでしょうか。

問題⑥：そもそも待ち時間が長いというのも問題として挙げられます。

「個人情報の観点から患者を名前で呼ばず、番号で呼び出されるものの、気づかない高齢患者が多い」という問題に対して、ざっとこれだけのさまざまな問題が絡み合っているのだということを理解いただけたでしょうか。

今は地域医療重視の観点から、地域の診療所を「かかりつけ」として、総合病院は紹介状を携えた患者に高度医療を提供する政策が採られています。ということは、総合病院にはおのずと高齢者や重症患者が多くなるので、そういう方々を前提にシステムを考えていないというのが大きな問題です。これらの問題を解決していくことで、快適な待合システムが実現できるわけです。この事例をもとにもう少し考えていきたいと思います。

問題解決の方向性

問題①　あと何番目という予測：診療科ごとに番号を振り分け、受付順で番号を配布

問題②　高齢者ほど高音が聞き取りにくい：音の検証。音を使わない方法の採用などを検討

問題③　長時間の集中力維持の難しさ：集中し続ける必要のない状況の実現

問題④　見えづらいモニター：見えづらい位置に座っても手元でわかる仕組み

問題⑤　会計時の呼び出し：名前を呼ばなくても本人に気づかせる仕組みと長い会計での待ち時間解消

問題⑥　長い待ち時間：待ち時間のない診療の実現。外出してもいいシステム作り

問題①の解決については、システムですぐに改善できるでしょう。

問題②～⑥までの解決については、手元で振動などを起こす機器を携帯してもらえば、順番が来たことに気づいてもらえます。

よくある失敗

　ここでやりがちな失敗を例として挙げます。

　「手元→振動→馴染み深いもの」というキーワードだけに引っ張られると、「個人のスマホに呼び出しをすればいいのでは？」というアイデアを出す人が必ず現れます。「そうだね。それならちょっと外出しても呼び出してもらえるしいいね」と盛り上がって『スマホ呼び出しシステム』を安易に提案してしまうのです。

　ここで見落としているのが、どれほどの高齢者が、スマホを持っているか、使いこなしているか、ということです。

　これを忘れてしまうと、結局、使えないシステムができ上がってしまいます。私個人としては、スマホで呼び出してくれたほうが嬉しいですが、果たして高齢者の皆さんは喜ぶでしょうか。

　参考になるのは、商業施設のフードコートでよく見かける、振動する呼び出し端末を活用する方法です。これなら、モニターを気にせずとも、手元の振動で気づくことができますし、比較的高齢者でも馴染み深いものですから受け入れ易く安心です。高齢者でなくとも、読書に集中しながら待つこともできます。

　既に「患者呼び出しベル」というものが開発されていますね。

POINT 7

◎顕在化された問題だけに囚われず、潜在的な問題を探る。

◎解決すべき問題に影響する主要因が何かをはっきりさせる。

◎さまざまな要因が絡み合っていると考え、新たな問題を広い視点で見る。

POINT 8

3. アイデア創出

「アイデア創出」は普段のインプットから

　いよいよアイデア創出の段階に入りました。アイデア出しフェーズでは、プロジェクトのメンバーが集まって議論するのは当然ですが、ここで重要なのは「どれだけ事前に情報取得しているか（＝インプット）」です。

　例えば、下図のように一枚の布の真ん中を摘まみ上げると、当然持ち上がりますが、布の大きさ次第で持ち上がる高さは決まってしまいます。

　布が持ち上がる高さを「想像力」や「発想力」とするなら、事前にどれだけの情報をインプットしているかで想像力と発想力の高さは決まってしまいます。私はこれを「想像と発想の布」と呼んでいます。［図2-12］

図2-12　想像と発想のイメージ

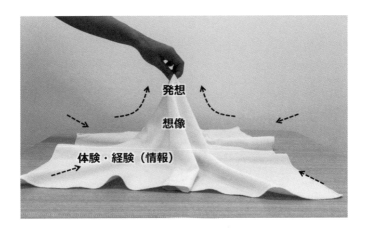

「観察・共感」の項（→042ページ）で対象の市場やユーザーの観察や共感が重要と言いましたが、それだけでは十分ではありません。普段から世の中を観察し、さまざまな情報を入手しておくことで、それがアイデアに活かせるのです。

アイデアが次々出てくる人は、とにかく雑学が豊富です。ただしこれは、自然に入ってきているわけではなく、自ら興味を持ち、常に「なぜ？」と問うことを忘れず、物事を探求することで身につくものです。

最近ではスマホを使えば、情報の入手も簡単です。普段から、気になったことはすぐに調べる習慣をつけていれば、事前に入手した雑学をベースにしながら濃い議論ができるでしょう。「観察・共感」「問題定義」それぞれのフェーズで深く考察できるようになるのです。

情報からアイデアへ

「想像と発想の布」で想像力と発想力を高めるには、さまざまなインプットが大切であると述べましたが、インプットした情報を、どのように想像力や発想力に昇華できるかについてふれておきたいと思います。

第1章ではデザイン思考にふれましたが「Design」とはそもそも何なのでしょうか。「De」は「壊す」という意味の接頭語です。つまり「印、記号、符号」の意味の「sign」と組み合わせることで、「一旦壊して、再度組み直す」という意味に解釈できます。実は、アイデア出しはまさに「壊して組み立てる」ことの繰り返しなのです。

次ページ［図2-13］を見てください。四角柱や円錐などは、さまざまなサービスや製品を抽象化したものですが、その中にはさまざまな要素が詰まっています。これらを結びつけることで、新たなアイデアが生まれるのです。そして、結びつけるサービスや製品の距離が遠ければ遠いほど、驚きのイノベーションへとつながるのです。

図2-13　要素を別の製品・サービスに転用してみる

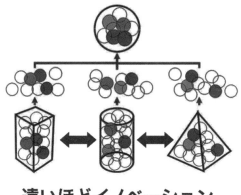

遠いほどイノベーション

　例えば、富士フィルムがスキンケア商品や医療の分野で注目を集めてい
ます。最近ではテレビコマーシャルも頻繁に流れていたりするので、ご存
じの方も多いと思います。

　富士フィルムは、社名のとおり写真フィルム事業が主でしたが、デジタ
ル化時代になり、カメラもフィルムからMPEGへとデジタル化され、フィ
ルム市場が縮小されてきました。

　大手のフィルム製造企業が苦境に立たされる中、フィルムで培ったさ
まざまな技術をコア技術と位置づけ、新規市場に切り込んだのです。

　その1つが、スキンケア商品です。写真の研究開発で開発した独自のナ
ノテクノロジーを化粧品に応用することで、肌の角層の隙間に深く浸透す
るスキンケア商品を開発したのです。

　写真フィルム技術とスキンケア市場という、全く異なった分野のものを
つなげることで、他社の追随を許さない新たな商品を生み出したことは、
まさにイノベーションと言えます。

アイデア創出の実際

さてここからは、本章の「1.観察・共感」で挙げた「混んでいる電車の中で立った足元にカバンを置く人」［図2-2］（再掲）を題材として、具体的に、アイデア創出、製品化までの流れを紹介したいと思います。

立っている状態で、足元にカバンを置く人が最近増えていると言いましたが、こういう人たちに向けた商品のアイデアとプロセスを具体的に考えていきます。

図2-2再掲　立った状態でカバンを足元に置く人

観察から見えてくること

まず「なぜ荷物を床に置くのか」という理由から考える必要があります。

第一の理由は単純に「カバンが重いから」ということです。それに、立っている場所も理由でしょう。本来なら網棚に置きたいところですが、網棚の前に立たなければ置けません。しかも女性の場合、網棚に近い位置に立っていたとしても、カバンが重くて網棚に上げられない、背が低いため

に置きたくても置けない、という事情があるかも知れません。

　さらに理由として考えられるのは、本を読むため、あるいはスマホを操作するために両手を空けたい、ということも考えられるでしょう。

　観察していると、老若男女問わずカバンを床に置く人を見かけますが、たいていの場合、スマホを操作するのに両手を空けたいため、両足に挟む形で床に置いています。当然、足を広げるわけですから、周りの人にとっては足の置き場に困ります。これはとても迷惑な行為ですね。

　また、私も愛用していますが、リュック型のバッグを持っている人を最近よく見かけます。電車に乗る時は前に抱えて乗りますが、あまりにも混雑している時は、バッグトップにある取っ手を持ち、［図2-3］（再掲）のように腰より低い位置にカバンを持ってくるようにしています。

図2-3再掲　前に抱えるより、提げると当たらない

　普段からパソコンを持っている私にとって、前に提げた状態のまま長時間同じ姿勢でいるのはとても苦痛ですが、他人に迷惑をかけないためには、とにかく我慢するしかないのです。

　私のように、カバンが重いために、本当は床に置きたいけれど、しかたがないので我慢して手に持っている人、あるいは、迷惑とは思いつつも胸

の前に抱えている人は、意外に多いように思います。

　これらの観察結果から、リュック型のバックを使用している人で、混んでいる電車では前に抱えている人や、手に持っている人をターゲットとした新商品を皆さんと一緒に考えてみたいと思います。

問題解決の方向性をイメージする

　まず、人が立っている時の骨格を考えてみましょう。

　人の体は、横から見ると背骨が前に歪曲しています。これは、重い頭を支えるため、重さを吸収する意味でも効率的な形なのです。［図2-14］

　背骨が歪曲していても、頭蓋骨と足の中心がちょうど一直線に並ぶので、うまく重心を取って立っていられるのです。

図2-14　骨格から見たスペースを取らない荷物の位置

　これがもし、頸椎や背骨がまっすぐだったら頭を支えきれないでしょう。この歪曲は重さや衝撃を吸収する役割を果たしているのですから、生物の体は本当によくできていると感心せざるを得ません。

　背骨が歪曲した形状のため、人は胸からお腹にかけて前にせり出す形で立っていることになるわけです。逆に、お腹から下は、後ろに沿っていく感じになります。

　まっすぐに立った状態で、試しに首だけで下を見てください。あなたの膝はお腹に隠れて見えないはずです。

　これは、膝の部分よりも胸やお腹が前にせり出している証拠です。

したがって、リュック型のカバンを前に抱えて電車に乗ると、実は「胸＋カバン」の幅を取ってしまい、二人分のスペースを占有するのです。

　車内放送で「リュックなどは、背負わずに前に抱えてください」と言うのは、背負ったままだと誰かに当たらないようにコントロールできないからですが、混んだ電車内でのスペースの問題を考えれば、背負ったり、前に抱えたりするより、人間の骨格の構造上、荷物は前にして手に持つのが他人に迷惑をかけないという点では圧倒的に合理性があるのです。

　ただし、手で重い荷物を持つと両手の指に大きな負荷がかかり、たまったものではありません。そこで「この高さで荷物が置ける状況を作り出せないか？」というのが、アイデア出し・問題解決の方向性になるわけです。

　この問いに対する答えは簡単です。荷物を持つ手を楽にするには、どこかに置けばいいわけですが、床に置くわけにはいきませんから、何か台のようなものに置く方法が考えられます。［図2-15］

図2-15　台があると前に提げてもラク

この高さ分提げられれば…

簡易的な置き台があれば楽になる

　簡易的な置台があれば楽ですが、混んだ電車の中に、置台を持ち込むわけにはいきません。そこで「この台に代わるものは何だろう？」という

のが、アイデア出しのスタートになるわけです。

　まず「台のようなもの」をどのような形にするかはひとまず置いて、「どのくらいの高さが便利なんだろう？」と考えてみます。

　背の高さには個人差があるので、高さが調整できるほうがいいのか、それとも、ほとんどの人をカバーできる平均値を出して固定にするのか。いずれにせよ、25〜30センチ程度の高さは必要ではないかと思います。

具体的なアイデア展開

　箱を電車の中に持ち込むわけにはいきませんから、考えれられるのは、カバンに足をつける方法です。［図2-16］

図2-16　台の代わりに脚をつけてみる

　置くという観点から考えると、4本脚をカバンにつければいいのですが、これでは、持ち歩いたり背負ったりした時、邪魔になります。当然ながら、折り畳み式にしたいところです。

　では、その脚はどのタイミングで出せるようにするのがいいでしょうか。おそらく電車に乗る直前か、乗った直後に出すのではないでしょうか。

すると、電車の乗降タイミングで4本の脚を出し入れすることになるのでこれは結構大変です。しかもスマートではないですね。

　人は、どんなものでも便利でさえあればいいなんて思わないものです。「簡単」「便利」「安い」という3つの要素は決して外せません。

　さらに脚が4本あると、床に置いた時、他人の足に当たる可能性も考えられます。

　思いつきを「これは便利！」と突き進んで、いざ形にしてみると、「結局、床に置くのと変わらないよね」なんてことが起こるわけです。そこで下図のように、折り畳み式の脚をつけた状態を想定しての構造を考えてみました。ちょうど折り畳み式のテーブルのようですね。［図2-17］

図2-17　4本脚を格納するには？

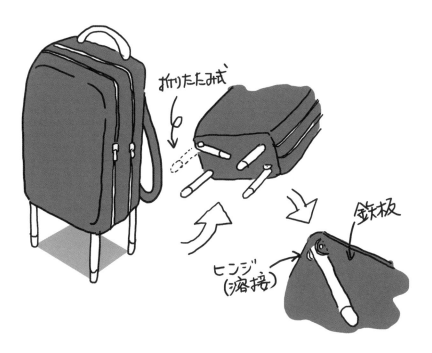

POINT 8

◎アイデア創出は普段のインプットから。身の回りに起きる現象に対して自ら興味を持ち、常に「なぜ?」と問うことを忘れず探求することでアイデア創出に必要な情報が身につく。

◎アイデア出しはまさに「壊して組み立てる」ことの繰り返し。さまざまな製品に存在する要素を別の製品に結びつけることで、新たな新商品が生まれる。

4. プロトタイピング

アイデアを簡易な形にする「プロトタイピング」

先の例で言うと「プロトタイピング」の段階では、「本当に4本脚がいいのか?」をとにかく作って検証してみることになります。形にしてみることで、いろいろなことが見えてくるのです。

ただし、本当に折り畳み式のものを実際に作る必要はありません。その辺にある棒を4本、カバンの下につけるだけでも検証できます。

この段階では、完成度は必要ないのです。アイデアの要件が満たされるか否か、メリット、デメリットが検証できるか否かが大切なのです。

もちろん図面を引いて検証してもいいでしょう。ホワイトボードに絵を描きながら、検証する段階も「プロトタイピング」だと思います。

とにかくどんな形でもいいので「見える化」し、検証できるようにすることが「プロトタイピング」なのです。

ここで見えてきた問題は以下のとおりです。

①4本の脚を折り畳み式にすると1本の長さが確保できない

それぞれが折りたたまれた時に互いに干渉してしまいますので、必要な長さを確保できません。

②ヒンジ（可動部）の取りつけなど製造工程が4倍になってしまう

　これはコスト面でも問題があることがわかります。

③屋外では、地面や床が平らとは限らず、4本脚はかえって不安定になる

　4本脚のどれかが地面に接していない状態だと、かえって不安定になる可能性があります。

4象限で検証してみる

　4本脚の案を4象限（ポジショニングマップ）にプロットしてみると、下図の位置になります。［図2-18］電車の中でちょっと置きたいと考えるなら、簡易的で持ち運び便利なほうがいいでしょう。

図2-18　ポジショニングマップによる改良点の洗い出し

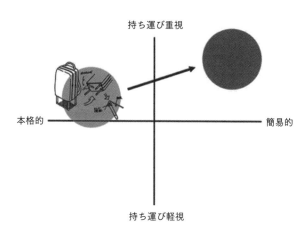

　上の図で言うなら、右上の位置にくるアイデアがいいことになります。しかも、カバンの下は他の人のつま先が当たらないよう、ある程度のスペースも確保しなければならないわけです。4本脚の場合、手を放してもその状態で立っていられます。足を4本携えた構造になっていますので、いわ

ゆる「台」という役割としては、かなり本格的な構造になっていると言えるでしょう。しかし、他人の足に当たってしまう、出し入れがしにくい、コストがかかるなどのデメリットが発生してしまいます。

では、もう1つの要素「簡易的」とはどういうことでしょうか。

人が支えるなら脚は4本いりません。3本足を三角形に配置しても自立は保てますが、折りたたんでいる状態から脚の形にするまでに、やはり手間がかかります。自立はしないけど、カバンの加重は支えてくれるものと考えれば、脚は2本でもいいわけです。しかしこの場合、2本である意味もありません。ということは、1本脚でも十分機能するわけです。前後左右に不安定になりますが、自立するものと考えず、補助的にカバンの加重を支えるものと考えれば十分です。

次にその構造や製造方法を具体的に考えていきたいと思います。

イメージの具現化

イメージは下図のようなものです。[図2-19]

図2-19　支えには1本脚でOK

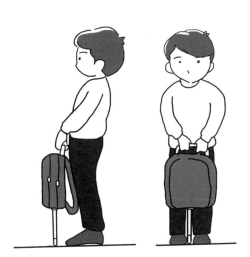

あくまでも手で支えるという前提ですが、カバンの加重を支えるという点では十分です。

　こうして、アイデアのイメージをより具体的に持つことが重要です。新たなアイデアが見えてきたら、再度「プロトタイプ」を作成してみることによって検証します。

　プロトタイプは既存のカバンに、適当な棒をガムテープでぐるぐる巻きにする程度でも大丈夫。カバンの安定性や持った時の感覚。高さや、棒1本でも機能要件を満たしているか等々がわかれば十分です。

POINT 9

◎プロトタイピングはすばやくモデルを作って、検証することが目的。完成度は低くてかまわない。

◎形にする中で試行錯誤することにより、改善点を見える化、共有できる。

5. テスト・検証

「プロトタイピング」で試作したサンプルの「テスト・検証」は、実際に使ってもらうことが一番よく、その際、ユーザーの様子を観察します。

社内での議論を経て形になったプロトタイプはあくまで仮説段階のもので、ユーザーに使ってもらうと思わぬところで自分たちのまちがいに気づかされることもあります。

製品になった後でも、不具合を改善したり、次の製品やサービス開発に生かすために検証は必要です。

制作した試作品やサンプルは、実際にユーザーの声を聞く目的で制作されたものですから、自分たちの仮説に固執せず、ユーザーの回答や提案に従って改善します。そのため、スケジューリングには検証結果を最終製品に反映させる余裕を持たせておきます。

イメージの具現化に向けた検証

では先ほどの例に戻りましょう。カバンの中心に、棒1本を立てるというイメージができあがりました。[→073ページ・図2-19]

次に、持ちやすさや収納性のよさを検証しなければなりません。

脚棒の長さを25センチと定義しましょう。カバンの底面の大きさは、30センチ×15センチくらいですので、カバンの端から残り5センチのところにヒンジ（可動部）を持ってこないと、その長さは保てないことがわかり

ますが、こうするとバランスが悪く、カバンを保持するのが大変です。

　ここで、「中心を担保しながら25センチの長さを保つ」という難問にぶち当たりました。1本脚で支えると、加重が手にかからないので、電車の中では便利というアイデアはある程度形になりましたが、今度はそれを実現するためのアイデアを考えていく必要があります。［図2-20］

図2-20　1本脚だと長さが足りないのをどう解決するか

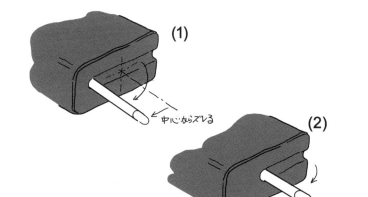

皆で難問に対するアイデアをぶつけ合う

　真ん中にヒンジを設けた場合、そのまま回転させるだけですと、単純に15センチ程度の長さにしかなりません。これでは低すぎます。回転させ引き出した脚の長さの調整が必要になるわけです。しかも簡単に長さの調整ができなければならないのです。

　脚をカバンの中に収納する方法だと、カバン本来の収容力を損なってしまいますから、どうしても底面横に収納するのがよさそうです。しかし、25センチ程度の長さを確保するには、中心にヒンジを持ってくるわけにはい

きません。今度は、この問題をどうにかして解決する必要が出てきました。

　アイデアを展開していると、このような矛盾に何度もぶち当たります。アイデアを出して検証する、この繰り返しです。これこそが、新商品開発の重要なプロセスなのです。

　とにかくバランスを考えて、ヒンジを中心に設けることは決めました。では、脚の長さを25センチに伸縮させるためのアイデアを考えていかなければなりません。ここでキーワードが浮かびます。

　キーワード：「短い棒が延びて固定できること」

　これに類似したものをイメージすると、解決につながるかも知れません。よく目にするのがネジ式でスライドさせて、固定するという方式です。［図2-21］

図2-21　伸縮式案

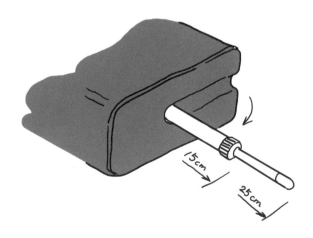

　これは周りにいくつも存在します。例えば、突っ張り棒やカメラの三脚の足などがあります。解決策を考える上で参考になるのは「周りに存在するものの応用」が一番簡単な方法です。

次に、この方式を採用した場合のメリットとデメリットを考えてみます。

▼メリット

・背の高さによって高さ調整が可能。

▼デメリット

・引き出して、高さを調整する手間が発生。

・ネジ部分の閉めかたが弱かった場合、加重に耐えられない可能性あり。

・収納時もネジを回し、支柱を押し戻すことが必要。

以上の結果からメリットよりもデメリットが多いことがわかりますので、この案は採用を見送ります。

では、どのような解決方法があるか、さらなる検証をしてみたいと思います。長さ調整が不要で、底面に収納しようとすると下図のようなイメージが考えられます。[図2-22]

図2-22　長さ・中心を同時に解決しようとすると構造が複雑に

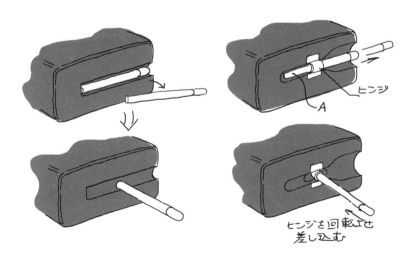

底面に収納しておいて、脚を一旦取り外し、中央に明けた穴に差し込む仕組みを採用したらどうでしょうか。

　この方法だと長さは確保できますが、支柱の抜き差しに手間がかかってしまいます。それに万が一、収納時に脚棒が外れたりしたら、大変なことになるのは想像に難くありません。歩いている最中にコロコロっと転がって、慌てて拾うなんて姿は想像するだけでもみっともないですね。

　では、抜かないでこのような形を取ることは不可能でしょうか。中央部に分離した状態のヒンジを設ける仕組みです。

　このアイデアでは、脚をつかみ、一旦外側へ引っ張ります。そして、そのままヒンジを起こし、ベース中央にある穴に差し込めば完成です。

　これなら製品化できそうですが、このアイデアの場合、ヒンジが別部品になるため、取りつけなどの余分な製造工程が増えることと、部品点数により、原価が上がってしまう可能性があります。それらを考えると、最良の案とは言いにくいのも事実です。

　しかも、脚の出し入れの時の動作を考えると、スムーズさに欠けてしまいます。周りに人がいる場合などは迷惑にもなりますし、スマートでなく、周りからみると「変な人」と思われる恐れも出てきますね。［図2-23］

図2-23　脚の出し入れはスマートにいきたい

ここまでくる間に、市場調査から始まり、チームメンバーで何度も議論し、試作→検証を繰り返してきましたが、なかなかうまくいかない。こんなことはよくあることです。

　アイデアも詳細検討段階に入り、そろそろゴールが見えてきたぞというタイミングですが、ここまでの試作段階では、足を出す動作にもスムーズさが足りないことがわかりました。

　この時点で、アイデアを押し通そうとすると大きな失敗に終わってしまいます。結果として、「面白いアイデアだけど、誰が買うの？　使うの？」ということになってしまうからです。

　この場合は勇気を持って、原点に戻ることが必要です。

　ここでもう一度、脚を出した状態で使っている姿を思い浮かべてみましょう。

図2-24　脚の位置を再考してみる

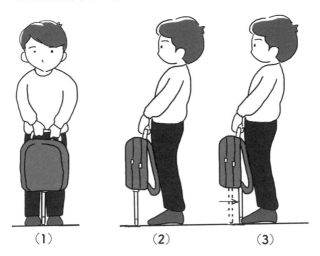

（1）　　　　　　　（2）　　　　　　　（3）

　人が支えるのだから、脚は1本でいいはずです。これは覆す必要はないでしょう。では、他に見落としがないかを考えてみます。

正面（1）から見て、脚は中心にないと支えにくくなりますから、これも覆す必要はなさそうです。

　では横から見た状態（2）はどうでしょうか。果たして、前後中央に脚が配置される必要があるかどうか。もしかしたら（3）でも十分かも知れないということがわかります。[図2-24]

　そうなると、背中の部分が使えますから、背中に収納するアイデアが浮上してきます。脚の位置を変えるだけで、こんなにイメージが変わってくるのです。

　背面を使えるようになると、長さの問題は解消されます。さらに、底面をのぞき込むような動作も必要なくなります。基本的には、収納時は下図のような形で十分でだと考えられます。[図2-25]

　後は脚の出しかたです。

　脚の出しかたには二通りの方向が考えられます。構造的にはストッパーや製造方法など少し複雑な構造になりますが、スライド式を採用した場合の最大のメリットは、高さ調整が可能になることです。

図2-25　スマートさを兼ね備えた解決策

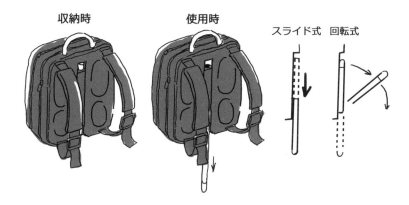

収納時　　　使用時　　　スライド式　回転式

もう1つは回転式です。この場合の構造はいたって簡単です。一か所にヒンジを設けるだけなので、さほど複雑な構造は必要ないでしょう。そのため、原価が抑えられるというメリットが考えられます。

　ただし、ヒンジを中心に回転して足を出す方式なので、高さ調整は難しくなります。

　これらの工程を経て試作を完成させたら、ユーザー調査を行います。

　実際のターゲットユーザーを呼び、試作品を見せて意見を聞きますが、多く場合は調査会社を使います。ターゲットを絞って呼ぶことも難しいので、ここはプロにお願いするのが効率的です。

　この時、調査モニターには企業名を伏せておきます。「○○社の調査です」と事前に明かしてしまうと、企業ブランドというバイアスがかかってしまうからです。○○社がとても好きな人もいるでしょうし、反対に嫌いな人もいるでしょう。ブランドを明かさず調査することで、公正な商品調査になるわけです。

　最後に、製品開発で考慮すべき要素をいくつか挙げておきます。

①売値はいくらに設定するか

　これはとても重要な要素の1つです。いくらで売るかを決めることで、原価はいくらまでかけられるのかが決まります。おおむね、原価は1/3から1/5以内に収めることが重要になります。

②素材は何にするか

　今回はカバンなので、合成繊維や合成皮革、本革などが考えられるでしょう。脚は、樹脂や金属が考えられます。いずれにせよ、品質や原価を考慮して売値を決めてから選択します。

ただし、原価を下げたいばかりに、安い素材ばかりで構成してしまうと、見た目も安っぽくなってしまい、ユーザーが欲しいと思わない製品ができあがってしまいます。

③デザインはどうするか

　バッグの場合、外観を気にせず購入する人は少ないでしょう。女性向けなのか男性向けなのかでも、デザインは違ってきます。十分なユーザー調査を行い、受け入れられやすいデザインを目指すべきです。

④製造方法はどうするか

　製造方法では、なるべく工数を減らす製造方法を考える必要があります。工数は部品点数の多さで決まります。なるべく部品点数を減らすことが、原価に直接影響するのです。

　また、部品に樹脂成型を使う場合、成型時の工数も大きな影響を及ぼします。

　以上、製品開発プロセスのエッセンスを具体的に解説しました。実際に製品開発をするには、もっともっと複雑な要因が絡んできます。

　実際の現場では何度もアイデアを出しと検証を繰り返し、ようやく製品ができるのです。

　途中でどんなに行き詰っても、問題点に目を背けず、壁にぶち当たったら、原点に戻ることを忘れずに。決してごり押しで進めてはいけません。言い訳でヒット製品が完成することはないと肝に銘じておいてください。

POINT 10

◎テストや検証の段階で新たな問題が見つかる／出てくることは当たり前。

◎何度も「アイデア出し→プロトタイピング→テスト・検証」のプロセスを
　回して改善することで最終的な形ができあがる。

◎最終的に商品化するには、アイデアだけでなく製造工程、仕様、素材
　などの製作、流通コストも考慮する必要あり。

第 3 章

アイデア創出のための
社内コミュニケーション

社内コミュニケーションを押さえる

発言しやすいチーム作り

　本章では、社内コミュニケーションについてお話ししたいと思います。

　アイデア出しのフェーズでは、チーム作りや運営も重要です。

　例えば、恥ずかしさが先に立ってしまい、いいアイデアを思いついても発言できない人もいます。「こんなことを言って、バカにされたらどうしよう…」というような思いが先に立ってしまうのでしょう。

　また、自分の意見をダラダラと話す人がいます。一人が長く話すと聞くほうはイヤになってしまうし、全体のリズムも滞って雰囲気が壊れてしまいます。

　いいアイデアを誰かが言ったら、尻馬に乗りながらアイデアを醸成していければいいのですが、競争心から、やたらにアイデアを出そうとする人がいると、意見の量産ばかりになって発展・展開せず、議論が散漫になりがちです。

　最悪なのは、誰かの発言をことごとく否定する人がいた場合です。こういう人がいると全体的に発言しにくい雰囲気になってしまい、発言量が極端に減ってしまいます。観察していると、ことごとく他人の意見を否定する人は、やたらにアイデアを出す人同様、「自分がいいアイデアを出さないとまずい」という焦りがあるように思います。

現場でよくあるチーム議論の失敗例として、以下のようなものが挙げられます。

▼「ポストイットを使用する」という形式の呪縛に縛られ、突拍子もないアイデアが出にくくなる。
▼ファシリテーター不在で、言いたいことを言い合ってしまう。
▼自分が出したアイデアに固執し、採用されないと不服を言う。
▼勝ち負けの意識に走り、他人のいいアイデアを否定してしまう。
▼アイデアの数を出し合う「発散フェーズ」では自由に発散させ、出そろったアイデアを整理統合する「収束フェーズ」では論理的に取捨選択できない。（発散と収束が使い分けられない）
▼誰かが発言したいいアイデアを他者が見逃すことが多い。
▼アイデアの種になりそうな発言を「種」と気づけない人が散見される。

　実は、いいアイデアにするには自分が出すことにこだわらず、誰かが言ったいいアイデアの尻馬に乗りながら、そのアイデアをチーム全体で醸成するほうがスピードは速く、質もよくなるのです。私の口癖は、「なるほど、なるほど」「いいね〜」「だったら、もっとこうしたら？」です。
　そこで、チームの雰囲気が壊れないよう、最初に「5つのルール」を共有しておくことをお勧めします。

アイデア出し5つのルール
　① 言ってみなければわからない。まずは共有しよう。
　② ダラダラ述べずに短く述べよう。
　③「いいね」と言って尻馬に乗ろう。
　④ まずは描こう。すべて描こう。
　⑤ 他人の意見を否定するのはやめよう。

これを事前に伝えておけば、誰かが否定した時や、恥ずかしそうな人が話せない時など、「5つのルールを思い出してくださいね」と促すことができます。しかし、後から指摘してしまうと、「そんなこと聞いてないよ」と険悪なムードになってしまいます。この「5つのルール」を心がけるだけでも、アイデア出しが大きく変わります。

私がファシリテーターをしていてよく感じるのは、一見くだらないと感じられる意見の中にも面白いアイデアに発展しそうな発言があることです。

これを拾い上げるのは、かなりの馴れが必要です。いわば「直感」とでも言いましょうか。そういった意見には、「何か引っかかるもの」があるのです。すぐに「直感を磨け」と言っても難しいでしょうが、コツがあるとすれば、他人の意見を真摯に受け止め、「もし自分がユーザー・顧客だったらどうするか」を考えることがポイントです。

参加者のタイプと対策

自分と違う意見が出る時もあるでしょう。そんな時「でも」「しかし」と真っ向から逆らうのは得策ではありません。まず相手の意見は受けとめることが大切です。この場合「なるほど」という言葉がとても便利です。相手には「自分の意見を受けてくれた」という印象が強くなりますから、気分を害することはありません。

チームにはさまざまな人が参加しますし、タイプもそれぞれです。これらを大まかに分けると、以下の4つのタイプになります。

①自己主張の強い人

自己主張の強いタイプは自分の主張を何としても通そうとする人です。自分のアイデアを押し通そうとしますので、他人の意見には否定的です。ただし、論理的に話をすれば納得するタイプです。

②否定的な人

　同じようで違うのは、否定的なタイプ。このタイプの人は、とにかく他の人の意見をことごとく否定してしまいます。

　自己主張の強いタイプと否定的なタイプが打ち合わせの場にいると、全体の雰囲気が悪くなり、放置しておくとチームの雰囲気が険悪になってしまいます。

　しかし、実のところ否定的なタイプというのは「自分が何かアイデアを出さなくては」と藻掻いているのも事実です。藻掻いているからこそ自分がいいアイデアを出せないでいると、他人の意見を否定してしまうのです。

③自己主張が苦手な人

　自己主張が苦手なタイプは、会議に出ていても基本的に終始無言です。周りの流れについて行けず、黙ったまま他の人の意見を聞いていることが多いものの、自分の意見がないわけではありません。言うタイミングがつかめなかったり、自信がないために発言ができないのです。

④アサーティブ（相手にも配慮した自己主張ができる）な人

　アサーティブなタイプとは、皆の意見を聞いて、自分の考えもしっかり伝えられる、ファシリテーターができるタイプです。

　こういう人がファシリテーション能力を身につければ、各段に皆の意見をまとめやすくなります。ただし、外部のファシリテーターと違うのは、メンバーの一員としてアイデアをしっかり出すことが求められる点です。

　では、もしあなたがファシリテーターとしてまとめ役になった時、否定的なタイプがチーム内にいた場合、どう対処すればいいでしょうか。

　まずは、その人の意見を受け入れてみてください「なるほど。そういう

考えかたもありますね」といった具合です。そしてすぐに「○○さんは、今の意見についてどう思いますか？」と別の人の意見を聞くのです。

　否定的な人が発したマイナスの意見に対して、「他の人は違う意見だ」ということを明確にして共有すれば、否定的な人は「自分の意見がまちがっていたのだ」と自覚できます。

　また、一人で考えるのが得意で、皆で議論するのは苦手という人も少なからずいます。そういう人には無理にその場でアイデアを出させる必要はありません。その場で出た意見をいったん受けとめてもらい、次回の会議で、そのアイデアを昇華させたものを出してもらえばいいのです。

　アイデアを形にしていく過程では、「常に議論が必要になる」と思ったほうがいいでしょう。アイデアを創出する段階、プロトタイピングの段階、製造方法を検討する段階でも議論が必要になります。

絵を描いて共有する

　次に重要なのは、「絵を描く」ことです。私の経験上、ワイワイ・ガヤガヤとホワイトボードなどに絵を描いているチームは、いいアイデアを創出する傾向にあります。

　ワイワイ・ガヤガヤと話していても、絵を描いていないチームとどこが違うのでしょうか。

　話をするだけだと、いいアイデアが出たとしても、その一瞬で消え去ってしまう可能性も高くなります。

　なんでも絵に描く癖をつけると、皆がそれに注目しながら議論しますから、方向性がズレにくく、尻馬に乗りやすい状況が作れます。

　絵を見ることによって参加者の右脳を刺激できるので、特に絵を描くことをお勧めします。

　ではここで、簡単な絵の描きかたを紹介しましょう。普段から自分の絵

を練習しておくと、いざという時にもスラスラ描けるようになります。「そうは言っても、私には絵心がないからな〜」と思った人もいるかも知れませんが、誰でも簡単に描ける描きかたを一部ご紹介します。[図3-1・3-2]

図3-1　さまざまな「人」のイメージ

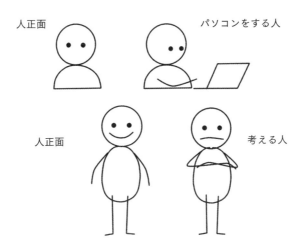

図3-2　建物や乗物のイメージ

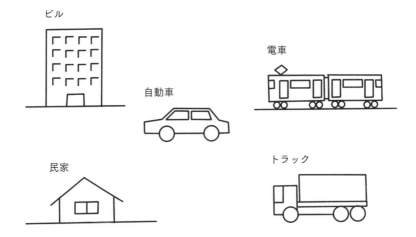

見て戴いてわかるとおり、人の場合、マルと線の組み合わせだけで、いろいろな表情を表現することができます。

　さらに、ビルや家、乗り物もマルと線で表現できることがおわかりになると思います。

　これらはほんの一部ですが、最低でも人とビルを描けるようにしておくと、議論する際に便利です。

　コミュニケーションで重要なのは、「描き出す」ことですが、社内ミーティングでよく見る光景は、資料を前にして口頭での議論に終始してしまうことです。そこで私は必ずホワイトボードなどに「描き出す」ようにしています。

　面白いことに、ホワイトボードなどに描き始めた途端、描いた内容を観ながら話し始めます。「それ」とか「これ」と言いながら、ホワイトボードの盤面上で議論が始まるのです。［図3-3］

図3-3　絵に描いたほうがアイデアが生まれやすい

描かない場合

描く場合

・記憶に残りやすい
・振り返りができる

つまり、議論の方向性が一方向に進むわけです。これなら齟齬（そご）は最小限に抑えられます。中には、自ら立ち上がってホワイトボードマーカーを手にする人さえ現れます。

　皆さんが普段行っている議論の場は、図3-3の右でしょうか、それとも左でしょうか。

　なぜ「書く」ではなく「描く」なのかですが、可能な限り絵などを入れて表現することが重要ですし、絶大な効果が得られるからです。

　口頭のみのコミュニケーションで進んでしまうと、微妙な齟齬があってもそのまま進んでしまうため、後で「こんなはずではなかった」という結果になってしまうこともよくあります。

　ホワイトボードは、とてもよい手段です。できれば絵なども活用して「描き出す」ことで、互いの理解が深まります。

　ホワイトボードに描くコツは、絵と短いメッセージ、自由に描くこと、です。よく文章で議事録のように書き出す人がいるのですが、それだとアイデアは広がりません。右脳に訴えるような描きかたが重要になってくるのです。

　ここで、実際に文字で書いたものと絵を描いたものを比較してみましょう。［次ページ・図3-4,3-5］

　これは、2019年10月の消費税増税の時に、キャッシュレス決済をした場合のポイント還元の施策について表したものです。ニュースや新聞などで話題になっていたので、記憶に新しい方もいるのではないでしょうか。

　この時、消費税増税を進めたい財務省とキャッシュレス決済を促進したい経済産業省との間で議論を重ねた結果、増税とともに、期間限定でポイント還元をしようということになりました。

図3-4　文字のみ

消費税増税に伴うポイント還元

消費税増税がスタート
キャッシュレス決済の場合　2〜5%還元（ポイント）
○これらは、なぜそうなったのか？　せっかく増税したのに……
○ポイントは だれが負担するのか？　財源は？

そもそも、消費税増税は社会保障維持のための財務省主導で
進めてきた。ところが経産省が、経済の減速を懸念した。
さらに、日本では世界に比べ10年遅れていると言われている
キャッシュレスについて、経産省は、キャッシュレスの促進に前向き
になった。

→ 結果、消費税は10%に上げるが、国が、2%〜5%のポイント
　を、キャッシュレス決済に限り、実施することで決定。
　（正し期限付き）

図3-5　簡単な絵を入れる

いかがでしょうか。図3-4は文字だけの表記ですが、図3-5は絵を多く取り入れています。一見して図3-5のほうがわかりやすいし、記憶に留めやすいのではないでしょうか。

私はこれを「らくがきコミュニケーション」と呼んでいます。まさに、らくがきをする感覚で気軽に進めることが重要なのです。

第2章の製品開発の流れのところで、プロトタイピング（→071ページ）を挙げましたが、形にして見せるというのもコミュニケーションの1つです。人は具体的なビジュアルがあることで、より理解しやすくなります。

プロトタイピングは、実際にものを作るだけではありません。ホワイトボードに描くだけでも議論を促すことができます。私も製品の具体策を検討する際、組み立て方法やコスト削減策など、設計者とホワイトボードを前にいろいろ議論したものです。［図3-6］

図3-6　らくがきコミュニケーションで共有、アイデア創出がしやすくなる

描くことの有効性を述べましたが、コロナ禍でリモートワークが始まると、ホワイトボードが使えない状況になりました。

　リモートワークや遠隔会議は、以前からもっと普及してよかったかも知れませんが、これまではリアルな会議が主流であったため、リモート状況でのコミュニケーションを真剣に考えていなかったように思います。「さんざん描くことの重要性を説かれるが、リモートワークでホワイトボードは使えない」「リモートではどうすればいいの？」と思われる方もいるかと思います。

　しかし実は、リモート環境下でもホワイトボードのように使えるソフトはたくさんあります。Microsoft Teams にもその機能はありますし、Microsoft Whiteboard というソフトもあります。これらはまさに、リモートワーク上でホワイトボードに書き込むように使えるのです。

　ただし1つ問題があります。ソフト上で絵を描こうとすると、ペンタブレットが必要になってしまうことです。ペンタブレットを自分で持っている人はそれほどいないでしょう。

　そこで私が考えた「スタンプ・コミュニケーション」というツールがあります。ツールと言っても、PowerPoint をホワイトボード代わりに使えるように試行錯誤したものです。

　事前に必要と思われる、人やビル、矢印、乗り物、地図などの絵を用意しておきます。文字はテキストで打ち込めばいいわけです。

　まるでスタンプでペタペタ張りつけていくようなイメージなので、「スタンプ・コミュニケーション」と名づけました。［図3-7］

　PowerPoint は、ほとんどの企業が持っているソフトですし、使っている人も多いのでハードルは下がります。

　何よりペンタブレットは不要で、スタンプの絵さえ用意しておけば、簡単に活用できます。

図3-7　スタンプコミュニケーションのツール

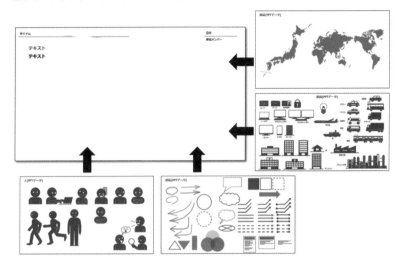

スムーズに社内稟議を通す

　いいアイデアが出た後は社内稟議を通さなければなりません。そのアイデアは、本当に事業性、収益性があるのかどうかについての審議が行われます。

　稟議を通すための社内コミュニケーションのポイントは「納得」につきるでしょう。そのためには、理解しやすい資料作りが必要になります。

　ここで資料の構成についてまとめましたので、皆さんもぜひ、参考にしてみてください。[次ページ・図3-8]

　資料中の「背景」とは、お客様の業界、市場動向や関係する法律（改正情報を含む）などを指します。

　「問題」とは、お客様が抱えている問題です。背景と問題は一緒に書かれることがありますが、お客様が置かれている状況を表します。

図3-8　資料構成のポイント

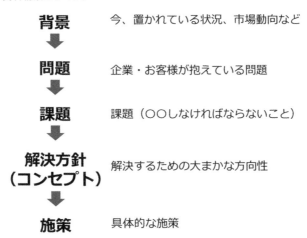

背景　今、置かれている状況、市場動向など

問題　企業・お客様が抱えている問題

課題　課題（○○しなければならないこと）

解決方針（コンセプト）　解決するための大まかな方向性

施策　具体的な施策

　次に「課題」ですが、お客様が「○○しなければならない」ことです。よく「問題」と「課題」を混同している方がいますが、少し違います。

　例えば、健康診断でコレステロール値が高く、医者に注意されたとします。この場合の問題は「コレステロール値が高い」ということです。背景は接待飲みが多く、お酒の呑みすぎが続き、この一年で急激に10キロも太ってしまったためだとします。この場合の「課題」は「次の検診までに痩せてコレステロール値を下げなければならない」ということになります。

　そして「解決の方針」ですが、これは課題を解決するにあたってどのような方向性、コンセプトで取り組むかという方針を決めることです。

　それを実行するのが、「施策」です。背景と問題を鑑み、課題を実現するための施策とは何か。

　例えば、「お酒を控えて、適度な運動をする」ことになるかも知れませんし、もっと具体的に、「お酒は2合で止める。エレベーターやエスカレーターはなるべく使わず、階段で上り下りする」といった感じになるでしょうか。これが具体的な施策になるわけです。

上司の修正指示への対応

「社内コミュニケーション」で言うと、部下の時間をムダに浪費するような上司やチームリーダーもいます。

例えば、会議などで上司から自分と違った意見を言われた時、曖昧な形で「宿題」として受けてしまうのは禁物です。一旦持ち帰ってしまうと、後でそれを調べて検討し、回答する必要が出てきますから、余分な時間がかかります。そのため、なるべく宿題は持ち帰らないようにし、どうしても持ち帰る場合は、その場で「何を意図して言っているのか」を聞き、こちらの疑問点を明確にしておくことが一番です。

また、毎回言っていることが変わる上司も時々見受けられます。前回のことをすっかり忘れているタイプです。

最初の資料を否定され、修正した資料も否定され、何度も繰り返した挙句、最初の内容に戻ってしまうというような最悪の結果になる場合もあります。ところが本人はすっかり忘れていますから、下手をすると「こいつは、何度も修正しないとできないのか、ダメな奴だ」「私のおかげで、やっとよくなった」なんて思っている場合すらあるわけです。

こういった場合、実は簡単な対処法があります。やり直しを命じられたら、2回目の説明時の冒頭に、「○○さんの言われたとおりに修正してきました。ご覧ください」という一言をつけ加えるのです。資料説明の時に、ポイントごとにその言葉を挟み込んでもいいでしょう。「○○さんのご指示とおり、この部分はこういう図に変更しました」といった感じです。

もしこういう上司がいたら、嫌味にならない程度に試してみてください。

部署間コミュニケーションも信頼関係が基本

BtoBでもBtoCでも「提案側」となる企画部門、デザイン部署、研究部門と、「収益管理」をする設計部門とのせめぎ合いで製品は完成します。

提案側は提案コンセプトから具体的な製品像を示し、設計部門を納得させなければなりません。これに対して、設計部門は原価を鑑みつつ、いかに製品化するかを検討しなければならないのです。

　提案側は、設計が抱えている事情を汲み取ることです。中には原価を意識せず提案し、設計から拒絶されると「ダメな設計部だ」と烙印を押してしまう人もいます。設計部門は収益を担っているのですから、原価を無視した提案を受け入れられるはずがないのです。設計側も本当は実現したい気持ちはあるのです。とは言え原価ばかりを考えていると、市場優位性のある製品はできません。

　製品開発で一番重要なのは、提案側と設計側とで十分なコミュニケーションを取り、互いが納得する着地点を見つけることです。もし提案がコスト増につながるのであれば、提案側自身も妥協案を用意しておくべきですし、設計側も提案の意図を汲んで、代替案を検討すべきなのです。

　そのためには、市場の動向をよく知っておくことが重要です。私は技術や材料などの展示会へ、よく足を運びました。新たな技術は新たな表現につながりますが、コスト削減にもつながるものがたくさんあるからです。

　私は、社内コミュニケーションで最も重要なのは、互いの信頼関係だと思っています。

　一方的にこちらの要望を突きつけるのではなく、相手の立場を理解し、互いの着地点になるような情報を仕入れておくことで、「そこまで調べているなら、やってやろうじゃないか」と思わせることが大切です。

POINT 11
◎他者の意見を否定せず、多彩な意見を出し合うことが大事。
◎絵に描いてみることで、話が見える化され、いいアイデアが出やすい。
◎社内コミュニケーションは他部署の立場も考慮して話を進めることが大事。

第 **4** 章

顧客とのコミュニケーション

顧客コミュニケーションを押さえる

顧客を知り、関係性を深める

BtoCの場合

　BtoCビジネスにおいて、私はデザイナーという立場でさまざまな製品開発に携わりました。一方、宣伝部でもテレビCMや新聞広告にも従事する貴重な機会がありました。

　そこで学んだことは、製品開発をするのと全く同じで、「お客様を知ることの重要性」です。「琴線にふれる」という言葉がありますが、まさに訴えかたによってお客様の心への刺さりかたが大きく変わってしまうのです。

　例えば、1章の例（→025ページ）のように、満員電車の中でスマホをいじっている人に対して訴求する広告の打ち出しかたを考えた時、Ⓐの「とにかく満員電車がイヤで、早く時間が過ぎて欲しい」と思っている人を想定した場合と、Ⓑの「通勤時間を利用して、会社で必要な情報を仕入れたい。明日の会議に役立てたい。上司などからすごい奴と思われたい」と思っている人に対しては、提案内容やそれを伝える言葉、表現が違ってきます。

　インサイトを見ることの重要性は第1章（→024ページ）でふれましたが、相手が本当は何を求めているかによって、提案内容は変わります。

当然ながら、広告を作る際にも顧客調査は行われます。制作したコピーを見せながら、どのように感じたかという定性調査を実施します。

BtoBの場合

　BtoB案件の場合、お客様のRFP（Request For Proposal：→041ページ）に書かれた内容に応える形で提案書を作成すれば体裁は整います。しかし、私が提案書の支援をしていてよく直面するのは、RFPで求められたとおりに回答しているケースです。

　このこと自体、悪いわけではありませんが、競合他社に勝つためには、自社の独自の価値であるバリュープロポジション（Value Proposition：→109ページ）を見つけ出して、それを提案に盛り込まなければなりません。

　競合と同じことを伝えるだけでは、どんぐりの背比べで、価格競争になってしまうからです。

　BtoBビジネスの場合、定期的な営業やシステムエンジニアの顧客対応も大きいと思いますが、特に発注先企業担当者とのコミュニケーションを密にして、信頼を勝ち取ることがとても重要になってきます。

　しっかり信頼を勝ち取っておけば、お客様から相談されることも多く、コンペに至る前の「RFI（Request For Information）」の作成を任されたりすることもあります。

　RFIとは「情報提供依頼書」と言い、業務発注、コンペ、資材調達に際して受注側企業の情報収集のために要求されるものです。受注側企業の基本情報、製品情報や技術情報が求められますが、会社案内や製品カタログレベルのもので構いません。さらにその製品の導入実績や価格を提示して欲しいという要望もあります。製品価格は概算でも構わないのですが、ホームページに掲載されていない自社情報も求められることは確かです。

　RFIはコンペで競合に提示する、言わば「コンペ概要」のようなもの

ので、その作成を任されるということは、自社にとって長所を活かしやすい有利な内容に作成できるわけですし、何よりも有利なのは、競合よりも先にコンペ情報を入手できることです。

　RFIを任されるということは、RFP（Request For Proposal：提案依頼書）の作成も任される可能性が高いので、かなり有利になります。

　BtoBの場合、受注する形はコンペという大きな案件ばかりではありません。通常業務で依頼を受けることもよくあります。普段から引き合いを戴いているお客様から発注されることもあるでしょう。

　ここでは、Webサイト構築を受・発注する場合を例に挙げ、大まかな流れと、その時の発注側と受注側の大切なコミュニケーションのポイントをまとめてみたいと思います。

BtoBの顧客コミュニケーションは、タイミングと頻度が大事

　まず、右図を見てください。［図1-6,1-7再掲］進捗パターンAと進捗パターンBとの大きな違いは明らかです。★印の部分が「コミュニケーション回数の違い」です。

　これは案件受注の成績がいい会社では普通にやることです。言われないと動かないというのは最悪で、「発注側がしっかりしてくれないと動けません」と言っているようでは信用も勝ち取れません。

　例えば、Webサイト構築案件のような場合、発注側はWebサイト制作のプロではない場合が多いわけで、プロである受注側が先導してあげられるようなスタイルを取れば、信頼関係が構築できます。

　そのためには、受注側から発注側とのコミュニケーションを密に取ることで意向を汲み取り、「こうあるべき」という形を「見える化」することで、発注側の意思決定がスムーズになるわけです。

　最初の段階では、完成度は50％くらいの完成度で発注者側の意向からズレていてもいいのです。受注側としては、どんどんプレ提案をするべき

図1-6再掲　フェーズゲートと一般的なスケジュールのイメージ

進捗パターンA

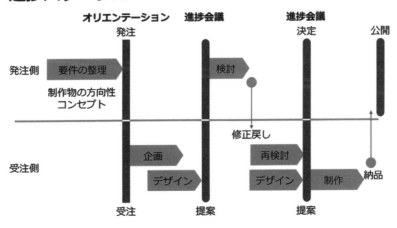

図1-7再掲　コミュニケーションを密に取ったスケジュールのイメージ

進捗パターンB

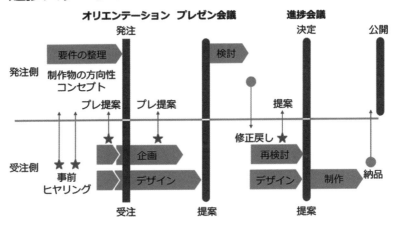

です。その結果、両者の齟齬が見つかり、それを修正することで、より具体的なゴールの方向性が明確になるのです。

　気をつけなければならないのは、そこに時間をかけないこと。初期の段階であれば手描きでも構わないので「こんな感じですかね」「いやいやもっと違うイメージなんだよね」というような会話が生まれれば良好で、発注側と受注側のコミュニケーションがうまく取れている証拠です。

　もちろん発注側も、丸投げはダメです。受注側はプロですので、発注側の担当者よりも詳しいはずです。だからと言って丸投げするようでは、受注側からの信頼は得られません。最悪の場合、受注企業に「まあ、こんなもんでいいか」と適当な仕事をされる危険がありますから、「この人は侮れないな」と思わせることが重要なのです。

　そのためには、発注側としてどうすればいいのでしょうか。

成功要因は受発注者双方が「想い」を ぶつけ合うこと

　それにはまず、発注者側に「想い」があるかないかです。細かいことはわからなくても、こういうものを作りたいという「想い」が必要なのです。

　受注側はプロですから発注側が頼るのは構いませんが、丸投げではいいものは生まれないのです。そのために「オリエンテーション（オリエン）」があるわけです。オリエンテーションは明確な方向性を定義づける会議のことです。ここでは明確な方向性を明示することが重要で、オリエンのよし悪しは発注側の責任です。

　オリエンでは、ターゲットは誰か、何を作りたいか、予算はどれくらいか、納入期限はいつかなどを明示するわけですが、とにかく発注側の「想い」を明確にして伝え、一緒に作るという姿勢で臨むのが一番いいやりかたです。

私は宣伝部で、家電をメインとした、テレビコマーシャルや新聞広告制作の担当をしていたことがあります。さまざまな広告会社のクリエイター達と関わることが多かったのですが、発注側と受注側の垣根を越えて、互いに想いをぶつけ合うこともたくさんありました。

　発注側の私自身も、ただこちらの言うとおりに動くクリエイターや「想い」のないクリエイターは信用できませんでしたし、クリエイター達も、こちらの「想い」を明確に求めてくるのです。

　発注側が「われわれはクライアントだぞ」などとふんぞり返っていては、決していいものは作れません。互いの「想い」をぶつけ合うコミュニケーションが重要なのです。

　私はもともと映像系にも興味がありました。映画好きのデザイナーは多くいますが、私が宣伝部への異動が決まった時、喜び勇んで行ったものでした。ところが、異動直後、そんな簡単なものではなかったということを思い知らされるのです。

　一番難しかったのは、広告会社のクリエイティブや営業からの信頼を勝ち取るまでの道のりです。彼らは、お金を受け取れば何でも作るというスタンスではありません。「いいものを世の中に送り出したい」という想いの強さを感じたのを覚えています。

　私が担当していたのは、家電をメインとしたテレビコマーシャルや新聞、雑誌の広告でしたが、伝えるべきターゲットは消費者です。つまりBtoCのコミュニケーションを行っていました。

　テレビコマーシャルは、15秒の倍数と決められており、長くても120秒です。通常は15秒バージョンと30秒バージョンを制作するのが一般的で、この短い時間の中に商品の特徴や魅力を伝えなければなりません。

　家電は機能まで伝えないと魅力を感じてもらえませんが、機能ばかりを説明しても、面白くないコマーシャルになってしまい、その広告自体、視聴者は記憶に留めてくれないのです。

相手が誰で、何をどのように伝え、かつ心を動かす表現とは何か。私は、宣伝部時代に顧客コミュニケーションの難しさを痛烈に学びました。

　先ほどの、「電車の中でスマホをいじっている人へのメッセージ」の例のように、まず、相手の心理や立場がどのような状況なのかを知ることで、心を動かす表現ができるのです。

　BtoBのコミュニケーションについても、発注先企業のエンドユーザーを知ることは必須なのです。

POINT 12

◎BtoCの場合は、ターゲットの本音やインサイトをつかみ、気持ちに刺さる「魅力の伝えかた」を考える。

◎BtoBの場合は、案件受注までの信頼関係構築。受注後はコミュニケーションのタイミングと頻度が大事。

◎受発注どちらの立場でも「想い」をぶつけ合っていくことが成功へのカギになる。

バリュープロポジション
を把握する

バリュープロポジションとは何か

　皆さんはアイデア創出のために社内で議論している時、自社や競合他社の強みや弱みについて、どれだけ意識しているでしょうか。

　下図の3つの丸は、3C（お客様：Customer、競合：Competitor、自社Company）と呼ばれるものですが、他社が提供できない自社のみの提供価値をVP(Value Proposition)：バリュープロポジションと言います。[図4-1]

図4-1　バリュープロポジション

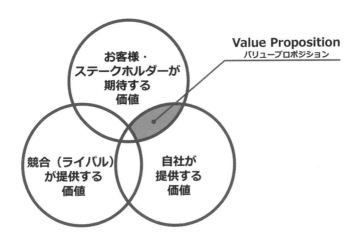

「お客様の期待する価値に対し、自社しか提供できない価値」という点について、意識して議論されていないことが意外にも多く見受けられます。

　これは大変残念なことで、BtoBにしろBtoCにしろ、市場の中には競合（ライバル）がいますから、競合他社の存在を意識し、自社独自の提供価値を意識しなければなりません。

　バリュープロポジションが明確な事例として頭に浮かぶのは、アップルがあります。

　長年製品開発をしていると、「ものづくりの常識」というものができてくるのですが、われわれが思い込んでいた常識をことごとくぶち破ったのがアップルであり、スティーブ・ジョブズだったのです。

　正直、製品開発に従事していた私たちにとっては、アップルが世に出した製品には、当時、毎回驚かされたのを覚えています。

　では一体どんな常識破りだったのか。わかりやすいように分解図を絵にしてみました。[図4-2]　双方を比較してみると、iPhoneの部品点数の少なさがよくわかると思います。

「なんだ。部品点数が少ないということは、性能も低くなるしコストだって安くなるじゃないか」と思わないでください。性能を維持しつつ部品点数を少なくするということは、むしろコストが上がる場合もあるのです。

　従来の常識に則った製品は、樹脂でできた2つのカバーで構成されています。そしてそれらをネジで固定する方法が用いられています。そもそも消耗するリチウムイオン電池を交換できるように設計されているのです。

　ところが、iPhoneは違いました。カバーの部品点数は1つなのです。そこに液晶表示パネルがはめ込まれている形でした。ネジは使っていません。

　なんと液晶表示パネルを両面テープで張りつけてあるのです。ネジを使用するとねじ穴が必要になりますし、その分、高さも必要となります。

図4-2　iPhoneと一般的なスマホの違い

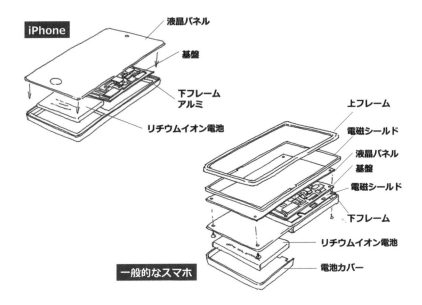

薄くなった理由はもう1つあります。樹脂で作った場合、強度を保つために内部にアルミなどの構造材が必要になってしまいますが、iPhoneはカバー自体をアルミで制作したので構造材を必要としません。

　もちろん、電池で駆動する製品なので熱も出るのですが、カバーをアルミにしたため、カバー自体が放熱してくれます。

　とは言えアルミをふんだんに使い、両面テープで張りつけるという発想は、コストもかかりますし、修理しにくいという「常識」破りの製品だったのです。

　本当にこれには驚かされました。コストがある程度高くなったとしても、見た目のデザインを取ったこの戦略が、iPhoneのバリュープロポジションを実現したのです。

VP戦略マップの活用

　アイデアを商品化するため、提案書の方向性を議論する際に活用するVP（バリュープロポジション）戦略マップというものがあります。[114～117ページ・図4-3,4-4] これは私の率いるチームメンバー皆で考えたオリジナルのツールです。

　VP戦略マップには、お客様の背景／市場・お客様のニーズ／競合の提供価値／自社の提供価値などを記入しながら関係者と議論していくわけですが、一番重要なのは、「**お客様のニーズから競合の提供価値と自社の提供価値を照らし合わせて、何が強みかを見つけ出すこと**」であり、これこそがVP（バリュープロポジション）になるわけです。

　VP戦略マップは枠に囚われず、自由に記入できるようにしてあります。なるべく短文で書くことで、一目でポイントがつかめることが重要なのです。きれいに書く必要もありません。そのため、枠を超えて矢印が引かれていたりします。議論しながらポイントを箇条書きしていく段階で、次第に何が重要なのかが見えてきます。

　ところが、いくら議論を重ねても、なかなか明確なバリュープロポジションが見つけられないことも少なくないのです。むしろ「明確につかめないことが当たり前」と考えてもいいかも知れません。

　提案すべきバリュープロポジションが最後まで見つからなければ、価格競争に陥らざるを得ないので、さまざまな角度から議論して、何か1つでも挙げられるようにしていきます。

　大手企業の場合、価格競争は苦手です。どうしてもバリュープロポジションが見つからなければ、大手だからこその信頼性を訴えることが得策かも知れません。

　中小企業でもなるべくなら価格で戦いたくないはずです。そうすると、大手より小回りが利くことを訴えればよいかも知れません。

つまり、お客様に響く言いかたを考え、少し言いかたを変えるだけで、バリュープロポジションになり得るのです。

RFPには明示されていなくても、コンペ前のお客様とのコミュニケーションで得られた情報や、ホームページなどに書かれている情報も手がかりになります。お客様の置かれている立場や考えを理解し、インサイトを拾い上げ、自社が何を応えられるのかをつかむことが大切なのです。

相手方の「キーマン」を観察する

このシートには検討材料となるものをすべて描き出し、さまざまな角度から検討できるような仕様にしていますが、「お客様のありたい姿＝ToBe像」や「決定権を持ったキーマンは誰なのか」を明記する欄もあります。

記入の順番は決まっていません。わかるところから短文箇条書きで記入すればいいようになっています。「ツールありき」で進めてしまうと、枠内に文字や絵を埋めるだけでやり切った感が出てしまうからです。なので、ルールは「短文箇条書き」ということだけ定めています。

図4-4（→116〜117ページ）は、BtoBのケースを想定した旅費精算システムの提案に関するVP戦略マップ例です。上部にはお客様の最終決裁者の名前が記載されていますが、これも大切な情報です。

ただし、役職が上だからと言って、本当のキーマンとは限りません。担当者にある程度の権限移譲をしているケースもありますし、実は最終決裁者はあなたの会社に依頼することをよく思っていないけれども、担当者はあなたの会社を気に入っていて、どうしても通したいと思っているというようなこともあるのです。

普段出入りしている営業担当者と会話をしていると、お客様の社内事情が見えてきますので、これも重要な情報として捉えることを忘れないようにします。

図4-3 VP戦略マップ

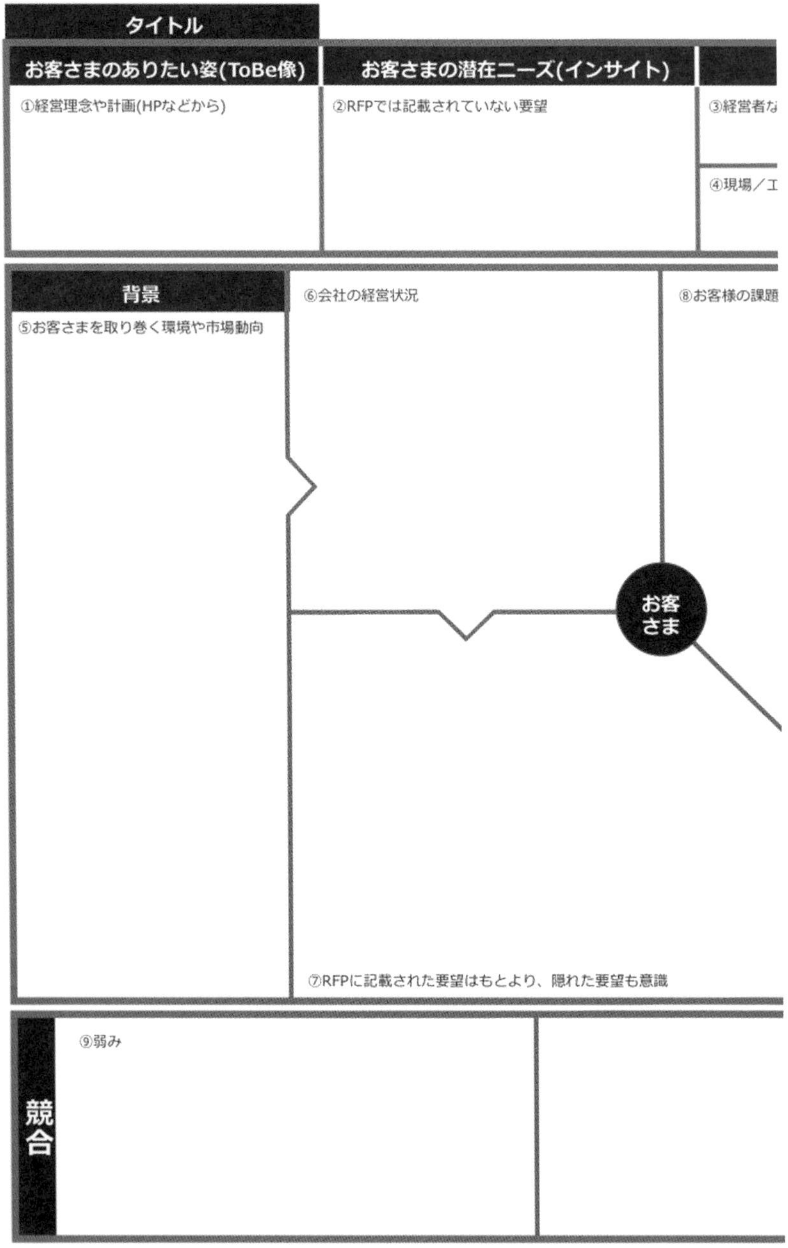

タイトル

お客さまのありたい姿(ToBe像)	お客さまの潜在ニーズ(インサイト)	
①経営理念や計画(HPなどから)	②RFPでは記載されていない要望	③経営者な
		④現場／エ

背景

⑥会社の経営状況　　　　　　　　　　　⑧お客様の課題

⑤お客さまを取り巻く環境や市場動向

お客
さま

⑦RFPに記載された要望はもとより、隠れた要望も意識

競合

⑨弱み

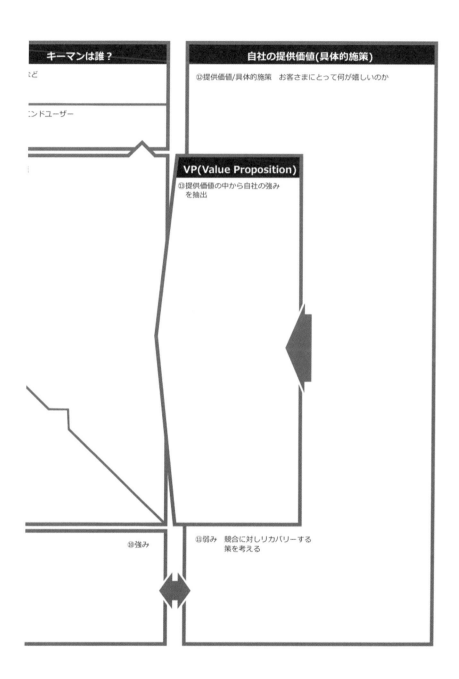

キーマンは誰？

…ど

…ンドユーザー

自社の提供価値(具体的施策)

⑫提供価値/具体的施策　お客さまにとって何が嬉しいのか

VP(Value Proposition)

⑬提供価値の中から自社の強み
を抽出

⑩強み

⑪弱み　競合に対しリカバリーする
策を考える

図4-4　VP戦略マップの記入例

タイトル	旅費精算システム

お客さまのありたい姿(ToBe像)	お客さまの潜在ニーズ(インサイト)	
①経営理念や計画(HPなどから) ・グローバル化のさらなる成長 ・お客様ファースト ・従業の幸せ	②RFPでは記載されていない要望 ①誰でも利用できるツール ②他のシステムとの連携 　　　　　直感的操作	③経営者など 総務本 ④現場／エンド 国内従 8,000人 Gr会

背景

⑤お客さまを取り巻く環境や市場動向
・海外生産 → 東南アジア
・働き方改革
　↓
　&生産性向上
・コンプライアンス遵守
・コスト管理㊎
・入力業務の簡素化㊐
　　　要

（市場）
・競合新規参入
・市場拡大
・政府デジタル化推進　RFP

⑥会社の経営状況
・営業利益率=12%目指す。
　　　　　(2年後)
・グローバルスタンダード
　グループ会社2社
　↓
・精算システムバラバラ
・不正な処理/処理誤り発生

（お客さま）

・国内Gr含むシステム一本化
　メンテナンスコスト削減
・旅費手配時の最安値
・電子カードの連携
・領収書など紙申請削減
・レポート自動集計
・ハンコレス
RFPにはグローバルは触れていないが…
　↳河井部長は気にしている！
　　　　　　　全体的なコスト削減
　　　　　　コンプライアンス ←担当
　　　　　　働き方改革　　　　　　河井
　　　　　　　　　　　　　　　　大言

⑦RFPに記載された要望はもとより、隠れた要望も意識

⑧お客様の課題
・グループ会...
　わかりにくい...
・営業利益率
　　早急
・レポート自動
・旅費申請
・既システム
・即時精

競合

⑨弱み
DxS社
・完全なパッケージ　―――設定期間限定的
　カスタマイズ可
・モバイルとPC別環境 → スマホはアプリ要！
　　↓
　メンテナンス2倍 →コスト大
　　　　　　　　　　・国内のみ ← お客さまは、グローバル
　　　　　　　　　　　　　　　要求していないが →自社強

・導入コスト安いのか...
・短納期 ←
・セールスがうまい
・分析レポート充実

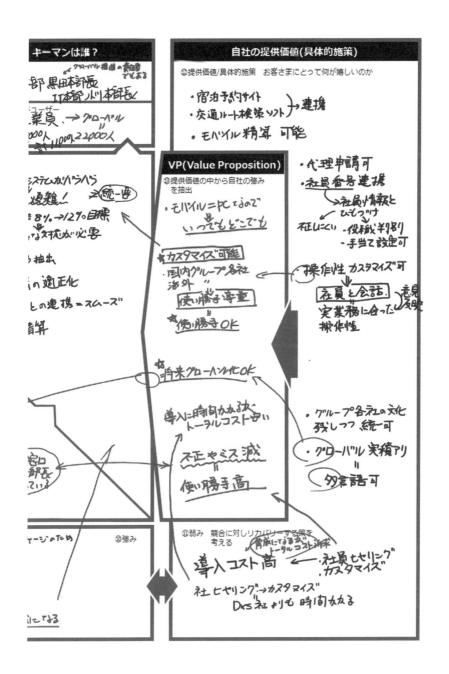

よく会って会話する発注企業の担当者名を「VP戦略マップに」書き込む理由は、RFPには書かれていない普段の会話から導かれる内容が、お客様のインサイトだったりするからです。

　例えば、私が提案書の支援を行う際は、関係者にヒアリングをしながらVP戦略マップに書き出し、提案企業側の担当者に、なるべくさまざまな角度から質問を投げかけます。すると、一見バリュープロポジションとは思えなかったことが抽出できたりします。

　BtoBの場合は特に、お客様から「われわれのことをよく理解しているね」と思われることが大切で、これだけでも競合他社より一歩先に行けたと言ってもまちがいではないと思います。

　以前、議論をしていた時こんなことがありました。「もしかしたら、こういうことを求めているのでは？」と私が投げかけると、「確かに、お客様の〇〇課長が、以前同じようなことを言ってました」という発言が飛び出したのです。

　そこで、「それを前面に押し出しましょう」ということになったのですが、普段の何気ないコミュニケーションの中にヒントが隠されていることが多いのです。

　自社側の担当者は、案件に深く入り込みすぎるあまり、何が重要なワードなのかわからなくなることがよくあります。第三者に質問されて初めて気がつくことはよくある話です。

　別のケースですが、ある自社の担当者が提案書のひな型を作った上で相談しに来ました。私はその提案書を見た時「なんだか、ドキドキワクワクしない提案書ですね」と言ったのです。するとその担当者は「それはまずい。お客様からは『ドキドキする提案をお願いしますね』と言われているのです」と言うのです。

　そこまでお客様に言われておきながら、どのように書けば「ドキドキワクワク」する提案書になるのかが、理解できていなかったのです。

行き詰った時、第三者を入れて話をするのは、とても有効です。VP戦略マップは、お客様の置かれた状況を把握し、競合がどのような戦略で来るのかを予測し、自社の強みを見つけて提案書に盛り込むための、作戦検討台紙と捉えて、らくがきをするような感覚で埋めていくのです。

いかに自社VPを打ち出すか

今や市場は大きく変わりつつあります。コロナ禍の影響で、さらにその変化は加速すると思われます。

既に「所有する時代から利用する時代になった」と言われています。

かつて家庭の中心には、テレビがあり、笑い声があったのですが、今は、スマホやPCの普及により、各々手元でテレビやさまざまな映像を見ることができる時代になりました。その結果、テレビを所有する必要がなくなったのです。テレビ番組そのものを見ない若者も増えています。

30年以上前に登場したレンタルビデオも、サブスクリプションと呼ばれる定額制の動画配信サービスによる「ストリーミング」という視聴形態に替わりました。

アニメや映画など、見たいものがいつでもどこでも、好きなだけ見られるようになり、時間も嗜好も制限されることなく、好きな番組を見ることができるようになっています。

昔は好きなコンテンツのDVDやCDを所有することに喜びを感じましたが、今はそれに価値を感じる人が少なくなったのです。

このように、市場が複雑化し、さらにコロナ禍の影響で大きな変化が起きている今、どの企業も独自のバリュープロポジションを明確にすることは、より難しくなっていくでしょう。

自社のVPをキラーメッセージとして伝える

　BtoBかBtoCか、さらには製品やサービスかによって多少異なりますが、自社独自の価値である「バリュープロポジション（Value Proposition）」を明確に言えるか否かは、非常に重要なポイントになります。

　企業活動では、「競合にいかに勝つか」ということがとても重要になるわけで、当然ながら提案書や広告では、この「バリュープロポジション」をしっかり伝えることが重要なのです。

　ところが、製造現場の担当者に「この製品のバリュープロポジションは何ですか？」と質問しても、明確に答えられないケースが散見されるのも事実です。

　これは「優位性を認識していない」というより、自社の状況が当たり前になりすぎて、製品のよさや優位性に気がついていないと言ったほうが正しいかも知れません。意外にも「そんなものは優位とは言えません」「競合と比べてそれほど大きな優位性があるわけではない」と思っている技術者は多いのです。

　技術者は専門家であり、当然ながら他社動向も研究している人が多く、その視点から見ると、自分たちがやっていることに格別の優位性があるとは思ってはいないわけです。

　当然、今までにない革新的な新技術を開発した場合は、堂々と「これが優位だ」と言いますが、たいていは微差だったりしますので、「これはあえて言うほどのものではない」と思い込んでしまいがちなのです。

　こういう状況に陥っている製品やサービスのVPを顧客に伝える上で重要なのは、まず、第三者が話を聞くことです。例えば、それほど技術に詳しくないデザイナーや宣伝部が適任だったりするのです。

　私はデザイナーとういう立場と宣伝部という立場の両方を経験しましたが、開発者と話をしていて「なぜそれを言わないの？」と言うと「いや〜、

これは大した技術ではないし…」という会話を何度もしました。

　もちろん特許となるような、他社にまねできない技術であれば、開発者も堂々と「これを言いたい」と胸を張るでしょう。

　省電力化に成功し、世界で一番であるならそれをアピールすればいいですし、洗浄力が他社に比べて格段に上回っているなら、それを言えばいいわけです。

　毎回そういうわけにはいかないということも現実としてありますが、どこかしら秀でた部分はあるものです。

　例えば、他社に比べて1％上回っている機能があるとします。日々他社製品を研究し、開発にいそしむ開発者にとっては「たった1％」かも知れません。しかし、どの競合他社よりも1％上回っているならば、それは「No.1」と言ってもいいわけです。

　もちろん根拠を示さなければなりませんが、根拠さえしっかりしていれば、No.1であることには変わりないのです。開発者は「大した技術ではない」と思い込んでいても、その技術を導入することで、ユーザーに素晴らしい価値を提供することもよくあることです。

　ここで言いたいのは、「思い込みはよくない」ということと、「迷ったら第三者を入れて議論をするべきである」ということです。

　お客様のニーズや競合の状況によって優位性は変わってきますので、何を優位とするのか、何が優位なのかを見極めるのは、ある程度の訓練が必要です。「この程度でも優位になるのか」という経験を一度でも味わえば、見かたや考えかたは変わるので、その「気づき」が大切なのです。

　日本人は特に真面目なので、優位性というと、ずば抜けた優位性をイメージしてしまう傾向にあります。これは私自身も随分経験してきましたが、ほんの少しでも秀でていれば、それは優位性と捉えてまちがいありませんし、嘘ではないのです。

　ただし、嘘は虚偽表現になってしまいますし、誇大表現は誤解を生ん

しまうとともに、下手をすると犯罪になってしまいますので厳禁です。

　身近な例を挙げると、最近よく目にするのは殺菌・滅菌薬剤のコマーシャルです。「空中に浮遊した菌やウイルスを除去」と言いつつCGで表現した菌やウイルスが消えるシーンを見かけます。ところが、すべては消していません。100％除去とは言えないからです。

　薬剤を散布しても、どうしても微量の菌やウイルスは残ってしまいますので、たとえCGであってもすべてが消えるような表現をしてしまうと、虚偽広告になってしまうからです。もし虚偽表現をして、事実が発覚したら企業の信頼やブランド価値は失墜してしまいますので、これは厳守すべきポイントなのです。

VPを伝えるための
プレゼンテーション技術を磨く

　プレゼンテーションは、あらゆる場面で行われるものです。顧客へのプレゼンはもちろんのこと、自社の幹部などに向けた社内プレゼンもあれば、BtoBでもBtoCでも営業が商品やサービスを説明するプレゼンもあるでしょう。子どもが親に対して、希望する将来の進路を説明することもプレゼンです。

　このように、私たちの日常の中で当たり前のように行われているプレゼンですが、根底にあるものはどれも一緒であると私は思っています。それは、「相手の心を動かせるか否か」です。

　内容はとても重要な要素です。もちろんそれも大事ですが、もう1つ重要なのは、「伝えかた」です。

　プレゼンテーション（Presentation）の語源をさかのぼるとプレゼント（Present）になります。プレゼントを誰かに渡す時、相手のことを想い、相手が喜ぶようなものを選びませんか？　つまり、「想い」を込めてプレゼン

トをするわけですが、仕事でのプレゼンテーションとなると、とたんに「想い」がなくなってしまう人も見受けられます。［図4-5］

図4-5　プレゼンテーションにも「想い」を

 **Present**

 **Presentation**

　たまに、スクリーンに投影されたスライドをそのまま朗読してしまう人を見かけますが、それでは聞いている側もたまったものではありません。参加者はあなたの朗読を聞きたいわけでないし、朗読していては、時間内に終わらせることも難しくなるでしょう。

　通例、BtoBではプロジェクトマネージャーがプレゼンを行います。「プレゼン用資料を用意してもいい」というお客様もいれば、「提案書をそのままプレゼンして欲しい」というお客様もいます。

　プレゼン資料を用意できるのであれば、文字数を少なくし、要点だけを抜き出した資料が用意できますので、お客様に伝わりやすい資料を作成することも可能です。（→098ページ・図3-8）「プレゼン資料を作成していいですよ」と言われているにも関わらず、文字だらけの資料がほとんどなのは、本当にもったいないことです。

　これに対して「提案書をそのままプレゼンに使用してください」という指示があった場合は難しくなります。資料自体は文字数も多いですから、割愛しながら説明するスキルが必要になってくるからです。提案書そのままでプレゼンする場合は、要点だけを説明するようにしなければなりません。これは社内プレゼンも一緒です。

　プレゼンの最中であっても、常に相手の反応を見て「果たして伝わって

いるだろうか?」と考えながら、割愛すべきところは思い切って飛ばして
しまうくらいがちょうどいいのです。

　さらに、見た目や態度もプレゼンには大きく影響してきます。[図4-6]

図4-6　どちらの人の話を聞きたいですか?

Aさん　　　　　　　　Bさん

　図を比べてみてください。はきはきと自信を持って説明する人と、猫背
で自信なさげにプレゼンする人。あなたなら、どちらの説明を聞きたいと
思うでしょうか。当然Aさんだと思います。

　プレゼンの上手・下手に関係なく、事前の練習をお勧めします。第三者
(社内メンバー)に服装や態度、話しかたを見て、欠点を指摘してもらうの
はとても有効です。

　例えば、意外に気がつかないのが、緊張すると口に出てしまう「え～」
という言葉です。これが連続して口から出てしまう癖を持っている人は、
ことあるごとに「え～」を挟み込んでしまいます。

　これも事前に第三者に見てもらい、チェックしてもらうことで、自分の
癖を知ることができるのです。

　誰もが流暢にプレゼンできるとは限りません。人前で話をしようとする

と緊張してしまう人もいるでしょう。たとえ緊張しても服装などの身だしなみや表情、声の大きさ、活舌、さらにはボディーアクションを意識して、聞いている人が、どんどん引き込まれるようなプレゼンになるよう心がけてもらいたいと思います。

受発注関係から協創関係へ

　BtoBにおける社外コミュニケーションという点で、これからますます重要になってくるのが、「協創[*]」という観点です。

　こちらの考えかたを一方的に伝えるのではなく、お客様から問題や課題を聞き出し、自社としてそれらの解決策を探るという方法です。

　ここでも重要になってくるのが「見える化」です。この段階では、お客様の抱えている問題や課題を「見える化」することで、お客様自身の頭の中も整理できますし、提案側としても、どのような支援ができるのかが考えやすくなります。

　例えば、製造会社の製造ラインで、どうも生産効率が悪くミスが多いという問題を抱えているにも関わらず、具体的な原因がわからないというお客様がいるとします。

　この場合、一度、生産ラインをお客様の目の前で、ホワイトボードなどに絵を描いて整理します。原料の投入から製造ライン、梱包、検品など、概略で構わないので、絵にするのです。[次ページ・図4-7]

　次に、そこで働いている人の人数であるとか、情報伝達の流れなどを「見える化」していきます。

　こうすることで、それを見ていたお客様が「あれ？ そう言われてみると、A部とB部って、連携が悪いな〜」と気がつくことがあるわけです。

---

* 「協創」は「共創」と表記されることもありますが、本書では日立グループでの表記に準拠します。

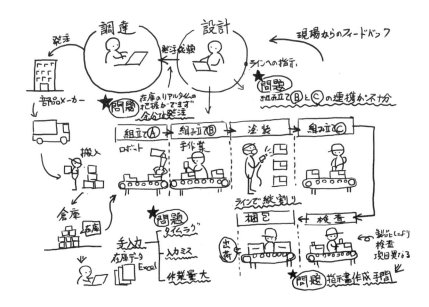

図4-7　問題をホワイトボードに描き、整理して共有する

　つまり、概略で構わないので全体像を形にすることにより、俯瞰して見られるため、製品、人、情報の流れが把握しやすくなるのです。

　方法としては、自社の事例（実際にお客様に提供したサービスや商品の効果事例）を提示したり、ファシリテーターを立てて、お客様の意見を聞くワークショップなどを行います。

　例えば今、「業務効率化」「生産性向上」という言葉が飛び交っていますが、企業側が求めるものと、従業員が求めるものは異なります。

　企業側はコストを削減しつつ高い成果を求めますが、従業員はそうではありません。むしろ効率を上げることで、早く帰りたい。自分の時間を確保したいと持っているでしょう。

　そういった、表面的な言葉には現れない隠された面をしっかり見ることで、企業側と従業員双方にとって、Win-Win な解決策を見つけなければ、

本当の意味での業務効率化、生産性向上にはならないと考えます。

　これは、超上流段階で行われるものです。お客様自身が、問題や課題を明確に持っている段階が、コンペという次の段階になりますので、この段階では、まだモヤモヤしている状態です。このモヤモヤを明確にしてあげられれば、「だったら一緒にやりましょう」となる可能性も高くなります。

「協創の場」を効果的に演出する

　今、超上流で顧客との協創を目的にした「場」を設ける企業が増えています。実際にお客様をその場にお呼びして、対話を重ねます。

「協創の場」の作りとしては、事例動画や資料を共有できる大画面が備わっていたり、壁一面をホワイトボードにすることで、どこでも描くことができるようになっていたり、ポストイットが貼りやすいようになっていたりします。

「通常の会議室ではダメなの？」という疑問を持たれる方も多いかと思いますが、特別な空間というあしらいが、非日常感を演出し、想像力や発想力を促します。招かれたお客様は、特別待遇という感覚で、その会社に好感を抱くわけです。予算のある企業なら、このような空間を作ることはできますが、それほど予算もない会社も多くあるでしょう。それでも、壁一面をホワイトボードに変えたり、机や椅子も通常の椅子とはワンランク上のものに変えるだけでも違ってきます。いかにも会議室といったしつらえを払拭するだけでもいいのです。さらに欲を言うと、理想は窓があることです。閉塞感は想像力や発想力の妨げになるからです。できれば窓が大きな会議室を改造することをお勧めします。

　また、忘れがちですが、とても大切なアイテムがあります。それは、コーヒーや飲み物、そして甘いお菓子です。議論が白熱してくると当然脳が疲れてきます。そこで、いつでも甘いものを口にできるようにして、小休憩とともに糖質を補給するという点で効果があります。

図4-8　協創空間のイメージ

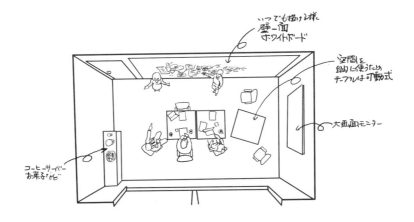

いつでも描ける様壁一面ホワイトボード

空間を自由に使うためテーブルは可動式

大画面モニター

コーヒーサーバーお菓子など

　一般的な会議室を改造した協創空間のイメージ図を描いてみましたのでご覧ください。［図4-8］

　とは言え、コロナ禍により今後のコミュニケーションのありかたが変わってくると思います。難しいと思われていたテレワークに大きな支障がないとわかった今、こうした協創の場をどのようにデザインしていくのか。

　新たなコミュニケーションのありかたを、設計し直す局面にいるのではないでしょうか。

POINT 13

◎顧客に自社・製品をアピールするためにはVP（バリュープロポジション）の発見が第一歩。

◎自社→顧客といった一方方向の開発・提案の受発注関係から、ともに問題解決を図る協創関係による開発へという流れに対応する。

第 5 章

市場からのフィードバックと
さらなる改善

市場のフィードバックを改善につなげる

顧客からのフィードバックはなぜ重要か

さて本章では、製品購入・導入後における、お客様からのフィードバックを考えていきたいと思います。

BtoCであってもBtoBであっても、自社の製品を購入・導入された後の満足、不満足を知ることは、次のステップに重要な情報です。

企業では「PDCAサイクル」という言葉が飛び交います。既にほとんどの方はご承知と思いますが、P：Plan（計画）、D：Do（実行）、C：Check（評価）、A：Act（改善）です。このプロセスにおいて「C：Check」を行うことで、お客様が自社および自社製品をどのように見ているのかがわかります。

PDCAサイクルは、活用する業務によって計測尺度が変わります。製品開発に関わるPDCAもあれば、販売計画などのPDCAも考えられます。

前者の場合、企画から製品開発、販売からユーザー評価という流れになりますが、後者は、販売量や売上高などの数字を追います。

つまりPDCAは、継続的な改善を主眼として、製品提供後にその不満点や改善点を修正して次の新製品開発につなげるという、製品から次の製品へつなぐためのメソッドです。

PDCAより高速のOODAループ

　ところが変化の速い近年では、「OODA（ウーダ）ループ」に注目が集まるようになりました。OODAループとはO：Observe（観察）、O：Orient（状況判断）、D：Decide（意思決定）、A：Act（行動）の頭文字を取って名づけられたものです。［図5-1］

図5-1　OODAループ

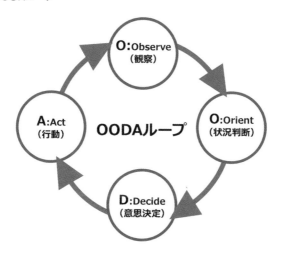

　もとは戦闘機の空中戦における「意志決定」から生まれたものですが、今ではビジネスやスポーツなど、さまざまな分野で用いられるようになってきています。OODAループは、一連の活動の中で、素早く何回も回すことが大切です。相手を観察して状況を判断し、進むか否かを決定して行動する。ダメだと判断したら、すぐに観察し直すとともに、状況を判断し直し、決断し、実行する。臨機応変に何度も行うのがOODAループと言われているプロセスです。

　ただし、日本の企業ではPDCAを前提に動いているのも事実です。期初にP（計画）を立て、それを実行するD（行動）があり、期末にC（調査

などによるチェック）を行い、次のA（アクション）につなげる。この流れが一般的です。したがって、今すぐ皆さんもOODAループに切り替えましょうとは言いませんし、PDCAが重要な指標であることも否めません。

　ですが、PDCAの流れの中で進行する日々の業務でもOODAループは活かせるし、現代はそのスピード感を意識すべきで「よく見極めて、まずはやってみようよ」という姿勢や試みが必要ではないかと考えています。

　既に第1章（→018ページ）でふれましたが、これはデザイン思考のサイクルにそっくりです。家電製品を例に取ると、ユーザーの嗜好や生活形態の変化スピードは、年々早くなってきています。実は新製品開発は、半年サイクルで回っており、短いものでは数か月という場合もあります。こんな中、PDCAサイクルの開発では追いつきません。OODAループのほうが合致しているわけです。

　ビジネス界において、OODAループはシリコンバレーの企業で高い収益性を上げてきたメソッドです。

　例えば皆さんのほとんどが持っているスマホですが、時々ソフトの更新を行っていると思います。もちろん、ソフトのバージョンアップやセキュリティー強化のために行われることが多いのですが、時には「不具合を修正しました」というメッセージを見たことがあるのではないでしょうか。

　スマホなど、電波をやり取りしている製品は、ユーザーの手元に届いた後でも使い勝手の修正が可能です。

　実は薄型テレビも受信電波に修正ソフトを乗せてひそかに修正していると聞くと驚く方もいるかも知れません。デジタル放送になり、デジタルテレビになったからこそ、それが容易になったのです。

　デジタル化時代、ネットワークにつながっているからこそ、まずは製品化してから修正すればいいと割り切れるのが、こういった電波を利用する製品のメリットでもあるのです。

顧客の声を集める－BtoCの場合

　さて、C：Check（評価）の話に戻しますが、企業は製品やサービスを提供した後、どのように顧客の声を聞いているのでしょうか。

　もちろん現場の営業などに直接入ってくる意見もあるでしょうが、正確性を期すために、通常はCS調査（顧客満足度調査）を実施します。

　CSとはCustomer Satisfactionの頭文字を取ったものですが、BtoBなら担当者に直接モニターできるでしょう。BtoCではアンケート調査によって拾い上げます。既存顧客にアンケートへの回答をお願いして満足度を計測するのです。

　BtoCでは、製品に同封しているはがき、オンラインなどで満足度を測る場合が一般的です。さらに、さまざまな製品のトラブルに関する問い合わせやクレームを受けつける「製品サポート窓口」へ寄せられる顧客の声を拾い上げることも行います。

　BtoCにせよBtoBにせよ、企業が寄せられる意見をまとめて分析するのは、企業ブランドに大きくかかわる部分だからです。

　お客様の「次の製品やサービスを買うか」という判断に占めるブランドイメージの影響度はとても大きく、PDCAのC・Aは、製品そのものの評価というよりも企業のブランドイメージに関する評価と言っても過言ではないかも知れません。

　例えば、あなたが新製品を購入したのにすぐに壊れてしまい、不満を抱えながら問い合わせ窓口に連絡したケースを想定します。

　その時、真摯に素早く対応してくれたとしたら、その企業に対する印象はそれほど悪くはならないでしょう。

　ところが「壊れた原因は、あなたが悪いのでは？」なんて言われたらどうでしょうか。さすがに、そこまであからさまな表現を使うことはないと思いますが、なんとなくそんなニュアンスで接遇されたら「二度とこの会社の製品は買わないぞ！」と心に決めるのではないでしょうか。

買ったばかりなのに壊れた場合、お客様の怒りは相当なものです。そこでクレームをつけてくださるお客様はむしろありがたいのですが、怖いのは無言で去っていくお客様です。

　家電などの工業製品の場合は高額なものが多いので、たいてい電話なりメールなりでクレームをつけますが、比較的価格が安い製品であった場合、例えば、数百円の保湿クリームが思ったより効果がなかったとしたら、「なんだ、ぜんぜん効果ないや」とあきらめてしまうケースも多いのではないでしょうか。もし、その製品自体に不具合があって健康被害などが出た場合などは補償を求めてクレームの電話をするでしょうが、単に満足できなかったお客様は「二度とあそこの製品は買わない」と心に決め、静かに去っていくのです。

　これらの声なき声を拾い上げるのは、外部リサーチ会社を使うのが一般的ですが、実際に調査を行う場合は、メーカー名を明かしてしまうとバイアスがかかってしまうので、正確な情報を入手することができません。なのでメーカー名を隠す形で、「今、どこのメーカーを使っているか」とか、「不満点は何か」「要望は何か」について公平な評価情報を拾うのです。

　アンケートを見ているとわかるのですが、障害が起こったこと自体に対してのクレームをつけるお客様はほとんどいません。

　不具合などの問題はどんな場合でも起こり得ます。その時、どれくらいの速さで、どのような対応をしたのかが重要になってきますし、それが「信頼」につながるのです。信頼なくして「持続」はあり得ません。

　これはBtoBでも同じで、既存ベンダーとして常駐しているにもかかわらず、陰で他のベンダーに相談していたり、協力を仰いだりすることもあり得るのです。

顧客の声を集める－BtoBの場合

　BtoBの場合は、営業や現場に張りついているエンジニアに対して直接クレームが聞こえてきます。BtoCの場合と違い、リカバリーのチャンスを与えられるのはメリットではありますが、やはり、重要なのはなるべく早い対応です。

　これは通常業務でも同じことが言えるのではないでしょうか。業務で何らかのミスを犯してしまった場合、なるべく早く対応する、謝る、は当たり前のことです。

　ミスを犯して先方から怒りのメールが来た場合、メールで返すよりもすぐに電話をかけて謝罪するほうがいいかも知れません。もっと言うなら、すぐに先方に駆けつけて、直接謝罪するほうが、効果的かも知れません。やはり「誠意」がとても重要になると思います。

　そこで不誠実な対応が重なると、BtoCと同様「二度とあそこには頼まないぞ！」ということもあるのです。

　企業に勤めていて、どこかに発注した経験がある方は、思い当たる節があるかも知れませんが、何かトラブルがあった時、発注先の担当者の動きがとても遅かったとします。その場合、担当営業の名前を出して「○○さんはダメだね」なんて言う人は少ないと思います。「□□社はダメだね」と口にしたのではないでしょうか。

　これは、先に挙げたBtoCの例と全く同じです。新製品を購入したところ、不具合があって製品サポート窓口に連絡したら、不誠実な対応をされた。そんな時あなたは、その製品名ではなく、「もう□□社の製品は買わない！」なんて口にしませんか。これはその企業ブランドの価値そのものが失墜してしまった瞬間です。おそらく、次回の新製品が出たとしても、□□社製品の購入は控えるのではないでしょうか。

ブランドは顧客対応で創られる

「ブランドは、広告宣伝で作るもの」と思っている方が多いかも知れませんが、今まで見てきたように、ブランドはお客様に最も近い「人」が作るものです。ブランドを構築するのは容易ではありません。ですが、一瞬で失墜してしまう可能性があるものなのです。

　BtoCにしてもBtoBにしても、企業としてCS（顧客満足）調査に合わせてブランド調査も重要です。ブランド調査は、競合他社との比較も行いますので、こちらは調査会社に任せることが多いです。

　近年では、SNSなどへの書き込みも見逃せません。時に、企業にとっては命取りになる場合もあります。家電など成熟した製品に関するワードが炎上するようなことはあまり見受けられませんが、洗剤や化粧品などの生活消費財と言われる商品や食品などを扱っている企業にとって、SNSは口コミの発生しやすい媒体として重要なアイテムになっています。

　BtoBビジネスでCSアンケートに目を通すと、いくつかの傾向が見えてきます。肯定的な意見を集計すると、例えば「こちら側を理解してサポートしてくれた」「積極的な提案をしてくれた」「トラブルが発生した時、迅速に対応してくれた」「依頼したことに対して迅速に対応してくれた」などの声が挙げられます。これらを見てもわかるとおり、製品自体に対する意見というよりは、「人」による評価のほうが多いのです。

　これに対して否定的な意見としては「頼んだことをすぐにやってくれない」「こちらのことを理解してくれない」など、まさに肯定的な意見の真逆なのです。

　つまり、発注者側との継続した関係を保つには、お客様を理解した上での積極的な提案と、こまめなコミュニケーション、さらにスピード感が大切だということがわかります。

コミュニケーションという点で、優秀な営業はこまめに通って情報交換をすることで常に新たな情報を入手します。では、実際にはどのようなことをすればよいのでしょうか。

　私が仕事をご一緒させて戴いている株式会社軸造 代表取締役 石川隆さんから聞いた話を紹介します。石川さんは長年BtoBの営業をされていて、現在、提案コンサルをされています。

　お客様と話していて、「今が提案のチャンス」と思ったら、時間を空けずラフな形で資料にまとめ、お客様に見てもらうそうです。「完成度は60％くらいで、むしろ突っ込みどころ満載のほうがいい」とのこと。

「この前の話をちょっとまとめてみたのですが、一度会って見てもらえませんか？」と言って、断られたことは一度もないそうです。

　もし自分が提案を受ける側であった場合、つい数日前に話した内容をまとめたので見て欲しいと言われたら「えっ？ こんなに早く？」と驚くとともに、悪い気はしませんから断る理由はないでしょう。

　お客様がコンペを実施する場合、今のシステムが老朽化したからという理由でリプレースを行うケースもありますが、実は、今の既存ベンダーに不満があるので、コンペという手段を使って既存ベンダーと縁を切りたいというケースがあるのも事実です。

「頼んだことをすぐにやってくれない」「こちらのことを理解してくれない」などの理由から「□□社はダメだね」と思われてしまう原因の多くは、直接お客様と接している「人」なのです。こういった印象を持たれてしまった場合、十中八九、次の受注を取ることは不可能です。

　石川さんのように日ごろから密なコミュニケーションを取っていて、信頼を勝ち取っていれば、むしろRFPを書いて欲しいという要望を戴けたりもします。こうなったらしめたもので、受注が取れる確率は各段に上がるのです。

事故対応から生まれる企業信頼

　1995年、PL法（製造物責任法）が施行されました。これは製品の不具合より購入者に損害が生じた場合、製造業者などの損害賠償責任について定めた法律で、製造者からすると、とても重い法律です。

　製品やサービスを提供する企業は、その責任を負わなければならず、売ったら終わりではないことも承知しておかなければなりません。

　BtoBの場合、BtoCほどお客様との距離が近いわけではありませんので、もし製品に不具合が発生したとしても、大事故にならない限り、表に出にくい場合があったりします。

　本来、あってはならないことですが、万が一、人体に影響を及ぼすような不具合が発生した場合、企業の信頼性は、とにもかくにも、いかに迅速、かつ真摯に対応するか否かにかかってきます。

　2005年に、1985年〜1992年に製造された松下電器産業（現Panasonic）製の石油ファンヒーターの不具合により、死者を出してしまうという痛ましい事故が起こってしまいました。

　この時、Panasonicが取った行動は、まず謝罪。そしてすべてのCMを謝罪と製品回収、注意喚起の呼びかけの内容のものに切り替えたのです。

　これは、Panasonicにとっては、大きな損失だったに違いありませんが、損失があろうがなかろうが、まずは人命第一の姿勢で、迅速に回収と注意喚起を行ったわけで、これは企業の真摯な態度がうかがえた事例だと言えます。

高速化していく開発のプロセス

アイデア創出の前にリサーチ

　アイデアを精巧な模型にしてプロトタイプにした後、ユーザーに使用感を定性調査として行っていた頃は、アイデア出しから調査までの間にそれなりの時間がかかりました。

　ところが市場のスピードが速くなった今、そんな時間はありません。スケッチでも構わないので、なるべく早く形にして、ユーザーに見せて意見を聞き、なるべく早く嗜好をキャッチする。ユーザーの嗜好と合致しなければ、再度アイデアを練ってぶつける。そして素早く、真に「欲しい」と思わせる製品・サービスに近づけていくことが重要になったのです。

　そのためBtoCの製品・サービス開発では、Web調査やアンケートなどの定量調査に加え、定性調査も行われています。定性調査では調査会社に委託して、被験者を会場に呼びます。そこで企業名を伏せたまま、さまざまなヒアリングを行う手法を用いる調査です。

　この調査はかなり昔から行われているものなのですが、現在では、アイデア出しの前の段階で、積極的にUX視点を取り入れた定性調査を行うことが多くなりました。

　極端な言いかたをすると、かつては目の前にプロトタイプを提示し、「好き」か「嫌い」かというプロダクトアウト的な聞きかたでした。

　しかし、今ではまず定量調査から得られた顧客の嗜好をもとにアイデアを創出し、そのアイデアがもたらす具体的な生活の変化とその価値を、定性調査の被験者（ユーザー）に提示します。時にはストーリーとして見せることもあるのです。

　そしてそれらから、ユーザー自身が自らの生活と照らし合わせ、そのアイデアに価値を感じるかどうかを判断してもらうのです。

例えば、家電製品の場合、「家電批評家」という方がいます。普段から家事で家電にふれる機会の多い主婦や家電が好きな「マニア」など、さまざまなメーカーの製品を自ら購入し、実際に使ってみて、よい点や悪い点をネットに書き込むのですが、どのメーカーからもお金をもらったりせず、公正に調査して公表するため、一般のユーザーからは絶大な信頼を得ています。最近では、メーカーから実際に評価して欲しいという依頼もあるそうで、決してメーカーに加担することなく、忌憚（きたん）のない意見を述べてもらい、それを実際の製品開発に活かすという動きも出てきているようです。

また、世に送り出した製品の評価をもらうために、ホームユース調査というのがあります。実際のユーザーに毎日使ってレポート提出してもらう方式で、レポート1枚につきいくらという形で報酬を出し、忌憚のない意見をもらって製品化に結びつけるという手法です。

「いかに早く市場に投入できるか」を考えたプロセスの時代へ

工業製品を扱う会社は、金型や部品の調達があるので、いざ量産が始まると後戻りできません。そのため、事前調査で得た情報を整理、分析して最終的判断を行い、市場に出します。

ところが、インターネットでサービス提供する会社では、ユーザー視点で本当にいいものとは何か。ユーザーがハッピーになるものは何なのかを調査で見いだし、なるべく早い決断をするため、役員クラスの方も調査会場に同席して、その場で決めてしまうこともあるようです。これは工業製品に比べて「ダメだったら辞めよう。軌道修正しよう」という意志決定がしやすい会社だからこそのプロセスかも知れませんが、工業製品であっても時間をかけて考えるという時代ではなくなったことは確かです。

その反面、未だに日本企業ではデザイン思考やUX視点を調査に取り入れることに抵抗があるのも事実です。

特に成熟した売れ筋の高収益商品を持っている企業の場合、「ユーザーの嗜好性」よりも、企業側の技術を前面に打ち出すプロダクトアウト型の製品開発が、まだまだ少なくないのも事実です。

　ものがあふれかえった現在、作れば売れるという時代はとっくに終わっています。専門家や社内の重鎮、さらに技術者などではなく、ユーザーこそが真の声なのです。その声に真摯に向き合い、製品やサービスを提供する企業こそが、これから生き残っていく企業なのだと思います。

　また、社内に過去の成功者がいた場合、その人の意見に引っ張られてしまうことも時々あります。

　必ずしもそれがまちがっているとは言いません。結果としていい方向に行くこともあるので、一概には否定はできませんが、コロナ禍により、かつて経験したことのない変化が起こり始めている今、技術や過去の経験だけでは生き残れないのも事実でしょう。

　では、社内の反対勢力をどのように説き伏せればいいのでしょうか。

　日本企業の場合は、やはり成功体験がものを言います。まずは小さなところから成功体験を作り出し、それを事実として、社内の理解を広げていくことで「納得」をベースにしていくことが1つの方法です。

　市場で売れ筋の商品の調査を行ったりしますが、そこで浮かび上がった売れ筋の他社商品をまねているだけでは新しいものは作れません。

　その上を行くには、やはりデザイン思考やUX視点を取り入れ、ユーザーのインサイトに刺さるようなアイデアを出していかなければならないと考えます。

　ここまで、開発の流れと社内外のコミュニケーション、そして製品やサービスを世に送り出した後の話をしてきました。さまざまな製品やサービスが市場に溢れている今、顧客の観察はとても大切です。何を必要としているのかニーズをしっかりつかむことが重要です。

開発段階でユーザー調査を行い、リアルな声を拾いながら試行錯誤しつつ、顧客に響くコミュニケーションが、今後、よりいっそう重要になってくるのです。

　もちろん社内を動かすことも大切です。社内、社外に関わらず、相手が「ドキドキ・ワクワクする」そんな提案であるべきなのです。

　製品やサービス自体はもちろんのこと、コミュニケーション段階での伝えかたも重要になります。

　そして、意外にも忘れがちなのは、「ブランド」という企業価値を象徴するものの醸成は、社員すべてが担うという点です。持続的な経営には、その企業のブランド価値をいかに高めるかが重要なのです。

　ぜひ、これからの市場の変化を捉え、お客様に求められることに目を向け、新たな価値を創造することを心がけて戴ければと思います。

POINT 14

◎市場に投入した製品・サービスに対する顧客からのフィードバックは、企業ブランドそのものの評価と考える。

◎企業ブランドは最前線で対応する「人」によって形作られる。

◎開発プロセスが高速化し、アイデア創出の前にユーザー調査が行われるようになっても、ユーザーの「真の声」に応えることを念頭に置き、開発に注力する。

参考文献

・佐宗邦威『直感と論理をつなぐ思考法』ダイヤモンド社（2019）

・内田和成『右脳思考』東洋経済新報社（2019）

・石川隆『形の無いモノの売り方』青山ライフ出版（2018）

・佐宗邦威『21世紀のビジネスにデザイン思考が必要な理由』クロスメディア・パブリッシング

（2015）

・永井孝尚『100円のコーラを1000円で売る方法』KADOKAWA　（2011）

・藤村正宏『安売りするな「価値」を売れ！』実業之日本社（2011）

・細谷功『アナロジー思考』東洋経済新報社（2011）

・Bizbranch「PDCAはもう古い？　OODAループとPDCAの違いとは？」

　https://bizbranch.jp/oodaloop/

おわりに

　本書を最後まで読んで戴いてありがとうございました。
　製品開発の流れを「なるほど。そういう見かたもあるのか」とか「そう考えればいいのか」なんて思って戴けたら嬉しいです。

　私は今、講師をしながら、本書に書いた内容をお伝えしていますが、実際に接している人たちは、まだまだデザイン思考やUXといった視点が少ないと感じています。
　仕事をする上で、とても身近なところで活かせるスキルが、デザイン思考やUXではないでしょうか。
　例えば、上司から「これを〇〇までにやっておいて」と頼まれたとします。「上司の本意は何なのだろう…」。そう想像を巡らせるのもいいでしょう。「〇〇までにと言ったが、少し早く出して、驚かしてやろう」。それもいいかも知れません。「えっ？　もうやってくれたの？」なんて、いい意味で相手を裏切ることも大切なのです。
　そうして、お客様の期待をいい意味で裏切ることで感動や満足が生まれることを経験して戴きたいと思います。

　これから世の中は大きく変わる可能性を秘めています。社会の変化に拍車をかけたのが、新型コロナウイルスの蔓延ではなかったでしょうか。
　未曾有の事態に直面して初めて、近代文化の脆弱性が露呈した形になったように思います。今後さらにさまざまなものが変わっていくでしょう。

本書を読んで戴いた皆さんも、さまざまな変化を求められると思います。「今まではそうだった」という言葉は通じない時代になってきているのです。人々の価値観が大きく変わる中、製品やサービスを提供する側にいる皆さんも、世界感や価値観を変える必要があるのではないでしょうか。

　そのためにも、よりしっかりと世の中を見て、観察してください。

　人々は何を求め、何を感じているのか。そしてその裏にはどんな心理があるのかを意識的に観察することで、今まで見えていなかったものが見えてくるはずです。

　アイデアは、一時の思いつきで出てくるものではありません。日々のインプットがとても重要になります。今や簡単に情報を入手できる時代になりました。

　いくつになっても「学び」は大切です。「なぜ？」と思うだけで、その先を知りたくなります。

「なぜ？」と思った瞬間、いろいろ調べる癖をつけるだけで、インプットの量は各段に違ってきます。さらに自分と違った価値観や考えかたを持つ人と接することも学びにつながります。

　そして、何かを生み出すということは、決して一人でなし得るものではありません。皆で生み出そうとする時、勝ち負けではなく、協調が大切になってきます。そのためにも、チームで会話をたくさん交わし、「見える化」することを心がけてください。

　さまざまな人に支えられ、刺激を受けることで、新たな「気づき」を得られるのです。人のつながりは、とても大切なもの。皆さんも出会いを大切にしてくだい。

　私の望みは、会社で商品・サービスの開発に携わる人や、これから社会に出る学生の皆さんに、デザイン思考やUXは、実は身近なものであると

気づいてもらいたいということです。そのためにも、今後も可能な限り教育に携わりたいと考えています。コロナ禍で何かと大変ではありますが、これからも新たな挑戦をしていきたいとも思っています。

　今、迷って、悩んでいる人と直接お会いできればよいのですが、それは無理な話でしょう。ですので、本書を手に取って戴いた皆さまにとって、「気づき」の1つになればと願ってやみません。

　最後になりますが、本書を作成するにあたり、すばる舎の編集部の吉田さんには、たいへんお世話になりました。多角的なアドバイスを戴き、全体の流れを修正して戴いたおかげで、ここまで完成することができました。

　おそらく、私の力だけでは「あれも、これも伝えたい」という欲が出てしまい、ここまでまとめきれなかっただろうと思います。

　また、私の考えかたに賛同し、すばる舎の吉田さんをご紹介戴きました、前田鎌利さんにも、心から感謝しています。

　そして、私に賛同し、応援し、相談に乗ってくれた多くの仲間にも感謝を伝えたいと思います。

2021年1月吉日

村井 龍生

【著者紹介】

村井 龍生（むらい・たつお）

株式会社日立システムズ　SR 本部コーポレートコミュニケーション部
UX 推進 , プロモーション・デジタルマーケティング
1989 年日立製作所デザイン研究所に入社。プロダクトデザイナーとして、公共製品からコンシューマー製品まで幅広く手がける。デザインとともにアイデアの創造を行い、特許所持も多数。途中、宣伝部に所属。広告全般、TVCM の製作担当として従事。このころ、ブランドについて学ぶとともに、相手に響く表現を学ぶ。その後、デザイン研究所に戻りコンシューマー製品のデザインを行う。やがて、提案書技術をはじめとする、図解化技術、伝える技術を研究。日立製作所内で講師を務める。社内で講師を務める中で、一流企業といえども、クリエイティブな仕事の仕方の必要性を痛感。アイデア発想のコツを研究。現在は、日立システムズに転属。UX の推進を目的に、伝える技術を中心とした、デジタルマーケティングの製作を指揮するとともに、発想を含めたクリエイティブな人材育成を目的に社内講師を務めている。
学生や若者が、即戦力となるようノウハウを伝授すべく、若者を中心とした教育を実施している著名人と交流を深め、日々伝授すべきノウハウを深耕している。

出版協力：第 5 章　石川 隆（株式会社軸造）

BookDesign：山田知子／ chichols（チコルズ）

現場ですぐ役立つ
超基本！ 新商品アイデアの出しかた

2021 年 1 月 27 日 第 1 刷発行

著　者 —— 村井 龍生
発行者 —— 徳留 慶太郎
発行所 —— 株式会社すばる舎
　　　　　〒 170-0013 東京都豊島区東池袋 3-9-7 東池袋織本ビル
　　　　　TEL　03-3981-8651（代表）03-3981-0767（営業部直通）
　　　　　FAX　03-3981-8638
　　　　　URL　http://www.subarusya.jp/
　　　　　振替　00140-7-116563
印　刷 —— 株式会社シナノ